许丹红 著

资深老班的
卓越班级构建智慧

一间暖暖的教室

大夏书系·全国中小学班主任培训用书

华东师范大学出版社

图书在版编目(CIP)数据

一间暖暖的教室:资深老班的卓越班级构建智慧 / 许丹红著. —上海:华东师范大学出版社,2020
ISBN 978-7-5760-0767-1

Ⅰ.①一… Ⅱ.①许… Ⅲ.①小学—班主任工作—工作经验 Ⅳ.①G625.1

中国版本图书馆 CIP 数据核字(2020)第 152712 号

大夏书系·全国中小学班主任培训用书

一间暖暖的教室
——资深老班的卓越班级构建智慧

著　　者	许丹红
责任编辑	卢凤保
责任校对	殷艳红　杨　坤
封面设计	奇文云海·设计顾问

出版发行	华东师范大学出版社
社　　址	上海市中山北路 3663 号　邮编　200062
网　　址	www.ecnupress.com.cn
电　　话	021-60821666　行政传真　021-62572105
客服电话	021-62865537
邮购电话	021-62869887　地址　上海市中山北路 3663 号华东师范大学校内先锋路口
网　　店	http://hdsdcbs.tmall.com

印 刷 者	三河市龙林印务有限公司
开　　本	700×1000　16 开
插　　页	1
印　　张	15
字　　数	216 千字
版　　次	2020 年 10 月第一版
印　　次	2025 年 7 月第六次
印　　数	14 101-15 100
书　　号	ISBN 978-7-5760-0767-1
定　　价	49.80 元

出版人　王　焰

(如发现本版图书有印订质量问题,请寄回本社市场部调换或电话 021-62865537 联系)

一间暖暖的教室，见证一个个孩子暖暖的童年！

自序 一串串闪亮的童年珍珠

外出，时而有老师问：你还带班吗？你做什么行政工作？……跟你一样，一线班主任，带一个班，上语文课。听到我如斯答复，遂而露出惊讶、疑问的神情。我一脸灿烂，莞尔。

带一个班，是我的根，我哪能不好好呵护呢？

给我一个班，深耕于教室，犹如农夫一般精心劳作。对于做农夫，我深有体会。幸运如我，小时候晚出生一年，不用如比我大一岁的伙伴般，正儿八经跟随父母外出劳作，为家挣工分。只是到了双抢农忙时节，看父母从清晨拔秧忙碌到月上柳梢种田归来，实在劳苦，于心不安，也会学着大人，去种一下田，帮父母一把。

烈日炎炎，田里浑浊的泥水滚烫，我卷起高高的裤管，赤着双脚深陷在泥泞的田里，半弓着身子，左手拿着秧苗，三指一搓，右手接过，用手指按在泥田里，均匀种好六棵后，另起一行。伴随着双手的翻飞，双脚匀速往后退，左右手依然不停播种……溅起的泥水布满了胸前的衣服，汗水湿透了头发和后背，散发出一股类似隔夜饭的味道,农田里的小飞虫时不时来叮咬。一到黄昏时分,更甚,我常按捺不住痒,用沾满泥水的右手搔挠头发,以致头发上、脸上布满了星星点点的泥渍。最惊恐的是那种名叫蚂蟥的软体生物,浑身没有脊椎,不时在田里蠕动,也不知道什么时候会吸附到你的腿上。农村娃的腿上有蚊子叮咬后抓痒留下的伤疤,似乎给它们的吸血提供了良好的机会,一旦附上,拉都拉不下来。村里小伙伴传言,蚂蟥吸血,会把人的血吸干。这时候,往往伴随我的是惊恐尖叫。

清楚记得有一次,弟弟和我一起去种田,当我种兴正浓时,突然看到弟弟尖叫着狂奔到田埂上,惊恐万分,原来是蚂蟥附在了他腿上。那份惊恐直到现在还历历在目。

童年之噩梦,想起,汗森森、泪潸潸。

腰酸背痛、劳累及狼狈,是我对插秧最原始的感觉。

还依稀记得,小时候,烈日下,曾经跟随爷爷到农田中拔杂草。秧苗慢慢长高,与秧苗类似的稗草渐渐露出端倪,现出它本来的模样。我小心翼翼地寻找,当看到稗草的时候,轻轻连根拔起。脸朝黄土,背朝天,脚步印在泥泞的田里,我用目光巡逻着,用手指行动着,汗珠子顺着脸颊淌下来……因太过炎热,受不了烈日炙烤,某次头晕目眩差点倒下,自此父母没让我再去过。

劳作的辛苦,让我对读书有了一份别样的好感,从书中体验到了开心快乐,如一棵春风吹又生的小草,学会了坚韧和不拔,学会了一遍遍地背诵和吟咏,学会了面对难题时不轻言放弃。

许是劳作的辛苦,让我在学习上拥有了热情。在上世纪八十年代末,鲤鱼跳出了农门,并在美好的九十年代成为了一位人民教师。自此深耕于教室,守住一亩三分地,精心耕作、锄草、除虫……原来,我依然做的是一位农夫——精神上的农夫，陪伴一届又一届孩子的成长。

接鸿鹄班，已是工作以来第六次接起始班，这也是教育旅程中于我而言具有特殊意义的一个班。我与琅儿的缘分，不仅仅止于母子，自此多了另一种身份——师生。鲁迅说，自己的孩子自己是教不好的。世人常说，老师无法带好自己的孩子。咨询了曾带自家女儿三年的春哥（朱永春），他说，也未尝不可，只要能处理好一个关系：在校，他只是一个学生。

以既是班主任又是家长的双重身份，我跌跌撞撞上路了。好在事先与琅爸有所约定：在校，唯他是家长身份，我只是语文老师、班主任，该家长履行的职责，爸爸绝不缺席。

头上点点光晕，让我难以避免多了些外出。接鸿鹄班伊始，便自我约定：工作期间的邀约，但凡不是各级教育局之硬任务，不外出。遵守自我承诺，宛如农夫一般，深耕细作于这间教室。

累了，抬头望望苍穹，倦了，品一茗清香绿茶，刷一部悲喜甜剧，散一程悠悠之步，度一个小假……山一程，水一程，我心如初，难忘使命。

许是高段带惯了，难以应对起始年级的忙乱，许是班上特别孩子云集，每天按下葫芦升起瓢，鸡飞狗跳……很长一段日子，失败、焦灼、无奈，鸿鹄的羽翼尚未长满，好在我拥有一颗强大、不妥协、不放弃的心，拂拂灰尘，勇敢前行——

慢慢地上路了。

启程了。

一年级之读写绘课程、吟诵《弟子规》《三字经》，二年级之基于《写给儿童的中国地理》和《写给儿童的中国历史》的亲子课程、"鸿鹄电台",三年级之希利尔课程、小古文吟诵……有诗有书有画有音乐的日子,温润而明亮。一年级的元旦迎新经典诵读,二年级的嘉兴市级班级文艺汇演,三年级的十岁成长礼,微信群里的班级文化艺术节、钢琴演奏会……教育的日子不再狰狞,不再让人恐慌,不再让人害怕,慢慢有了蜜般花般的诗味。

感谢自己的辛勤,断断续续地记录,读到了岁月的沉淀,日子的清香,耕作的劳苦,育人的艰辛,教育的真情,收获的欣喜……

三年,如水的日子串成了一串串闪亮的童年珍珠,好幸运,这些文字让我们看到了过往的云淡风轻,看到了鸿鹄班欢乐与泪水同在的童年。

以为序。

许丹红

2020 年 5 月 20 日

目录 CONTENTS

第一章
暖暖的师生互动：我们有爱的班级日常生活

① 初次相识，闪亮你我　003
② 颗颗童心，温暖点亮　007
③ 友谊之船，共同呵护　013
④ 鸿鹄之志，搏击长空　019
⑤ 阅读生活，成主旋律　025
⑥ 班级的事，轮流来做　028
⑦ 讲个故事，舒缓心灵　031
⑧ 写说明书，练下文笔　034
⑨ 吹个泡泡，欢乐洋溢　037
⑩ 表彰总结，鼓舞士气　040
⑪ 美食义卖，情牵西部　045
⑫ 观灾难片，引以为戒　047
⑬ 足球比赛，学会拼搏　049
⑭ 社会交往，该补补课　053
⑮ 暑假作业，提供答案　057
⑯ 美篇展示，温暖励志　062
⑰ 发表扬信，再合张影　064
⑱ 展示赞赏，助力习作　067
⑲ 回忆过去，以班为荣　072
⑳ 班干竞选，积极上进　076

① 明确价值，静待花开　083
② 自强女孩，用爱浇灌　087
③ 砥砺心灵，送书铺道　090
④ 皮蛋大侠，蜕变成长　093
⑤ 做张表格，朝向美好　099
⑥ 拉个钩钩，来个约定　103
⑦ 学会敬畏，挑战自我　107

第二章

暖暖的真情育人：
特别的孩子特别的关爱

第三章

暖暖的生生相育：
《校园之声》的教育力量

① 一分耕耘，一分收获　113
② 宁舍锭金，不舍一春　116
③ 朝向明亮，保护眼睛　119
④ 智慧应对，提升情商　122
⑤ 团结进取，一路拼搏　125
⑥ 多多阅读，增加营养　128
⑦ 决定成败，就靠细节　131
⑧ 认真做事，踏实做人　133
⑨ 学会理财，理性花钱　136
⑩ 做好自己，不断挑战　138

第四章
暖暖的家校沟通：家校携手共同点缀班级生活

① 建家委会，事半功倍　143
② 亲子活动，拉近距离　148
③ 灯下共读，爸妈行动　151
④ 迎新活动，展示经典　155
⑤ 班艺术节，线上共赏　159
⑥ 鸿鹄讲堂，协同育人　162
⑦ 过成长礼，给仪式感　165
⑧ 妈妈跳舞，爸爸送歌　171
⑨ 舞龙舞狮，美好童年　175
⑩ 家委换届，微信报名　179

第五章
暖暖的游学来信：来自大洋彼岸的真情问候

① 学会感恩，心存快乐　189
② 学会微笑，愉快身心　192
③ 学会承担，责无旁贷　196
④ 学会追求，找到坐标　201
⑤ 学会运动，健康成长　205
⑥ 学会准备，有条不紊　210
⑦ 学会写作，理顺思路　213
⑧ 学会节约，传承美德　217
⑨ 学会研究，活跃思维　221

后记　亲爱的，热爱的　225

第一章　暖暖的师生互动：
我们有爱的班级日常生活

CHAPTER 1

　　采撷班级生活的点滴，汇聚成一条暖暖的童年生活小河，平凡、平实、斑斓、多姿，有老师日常教育之深耕，有学生日常生活之投影，师生互动，心窝暖暖。童年，因你而精彩！

1 初次相识，闪亮你我

用了世界上最轻最轻的声音，
轻轻地唤你的名字每夜每夜。
写你的名字。
画你的名字。
而梦见的是你的发光的名字：
如日，如星，你的名字。
如灯，如钻石，你的名字。
如缤纷的火花，如闪电，你的名字。
如原始森林的燃烧，你的名字。
刻你的名字！
刻你的名字在树上。
刻你的名字在不凋的生命树上。
当这植物长成了参天的古木时，
啊啊，多好，多好，
你的名字也大起来。
大起来了，你的名字。
亮起来了，你的名字。
于是，轻轻轻轻轻轻地呼唤你的名字。

——纪弦《你的名字》

每一次接班，捧起名单，看到一串串长长短短的名字，内心总不由得升起一份感慨：前世的五百次回眸才换来今生一次擦肩而过，那需要前世多少次回眸才换来今生师生情缘呐。

于是，每一次接班总怀着一种虔诚的初恋般的情怀。尽管时而遇见一些孩子虐老师千万遍，但老师依然无怨，以自己的真情尽心帮助每一个孩子。老师也好，班主任也罢，只是孩子们漫漫成长旅程中一小段旅途的陪伴者、指引者。生命是一段长长的旅途。何曾有幸，能陪伴眼前这一拨孩子们，共度一段美好的童年之旅。绘本、唐诗、宋词、戏剧、泰戈尔……但愿，我能用一颗闲云之心，一份野鹤之情，开发一个又一个我认为有价值的小课程，串起阅读、写作、表演、旅行等童年珍珠，努力让孩子们的这一段小学旅程美好又甜蜜。当然，这一切还只是在梦想和希冀之中……

看着55个孩子的名字，我一遍又一遍地轻轻呼唤，想象他们的天真笑容、可爱小脸。满怀期待，与我的这一拨有缘人拉开相遇序幕。穿越岁月，穿越时空，陪着他们慢慢长大。

何等幸福！

感谢桐桐妈妈、桐桐外婆、桐桐、琅琅爸爸在我到城北开会时，把一间布满灰尘的教室，变得明亮清朗。真诚感谢一拨又一拨热心的家长，催我奋进。

下午发放新书，感谢姚老师、桐桐妈妈、琅琅爸爸、桐桐、琅琅，我们共同忙碌了整整一个下午，终于，一本又一本新书放在了教室里每一张桌子的角上。

报到、注册。

紧接着是家长会，恰逢G20峰会。一张又一张表格，堪称史上发放表格最多的一次家长会。

9月1日，开学典礼。

一位高大男生——小魏同学，两次过来跟我说，头晕。我摸摸额头又轻轻抱了抱，告诉他：别急哦，等下若还不舒服，老师会帮你打电话。

我知道，这是因第一天入小学紧张导致的，并一直在关注他，后来看他快乐了起来，与同学玩耍在了一起，我赶紧表扬他。发新生伴手礼时，我特地奖励他，多发了一根棒棒糖给他。

又一位男生愁眉苦脸地说，身体不舒服。我反复摸摸额头，还行，告诉他：坚持一会儿，若不行，我再打电话。后来，他露出了笑脸，我赶紧表扬。

9月2日，学校开始一周的德育课程，从早晨吃好早饭到放学排好路队，我和姚老师全部包揽。那份忙碌，只有亲身经历的老师才能体会。

我一走进教室，一位非常可爱的男生带着哭腔，可怜兮兮地跟我说："老师，我想妈妈了！"我亲昵地摸摸他的头，告诉他，等下就能见到妈妈了，不要急哦！"可是，我还是想妈妈呀！"我摸摸他的小脸蛋，告诉他："那我暂时当你妈妈，好不好？"他点点头。我抱了一下他，他微微一笑，走开了。

我特意挑他做老师小助手，帮助我发放物品。没多久，这孩子脸上的阴霾一扫而光，下午还几次来办公室找我投诉，有同学在教室里乱跑，有同学在玩电脑……好可爱的孩子。

间隙，我让孩子们一个个自我介绍。按组轮流，每一个孩子都讲一讲，亮个相，我想看看孩子们的口头表达能力和胆量。

一个个孩子落落大方地上来介绍：我叫某某某，来自哪个幼儿园，自己最喜欢什么！

哎哟！孩子们一个个从容自如地站到讲台边，声音响亮，没有一丝丝畏惧。每一个孩子都敢于说，完整有序地讲，远远超出了我的预期。印象中，每接一个班，总有少部分孩子不愿意上台，或站到讲台前不敢说。103班的第一次自我介绍，除了极少数女生声音稍微小点，每一个孩子都能完整地说完。钢琴、围棋、画画是很多孩子的爱好，此外还有运动、手工、舞蹈……多才多艺的孩子，自我介绍可圈可点。

哇！98分！棒！

哇！100分！很棒！

哇！120 分！超级棒！

……

我由衷赞叹，不时竖起大拇指。同学们一个个喜滋滋露出了灿烂笑容。

同桌介绍，互相说一说名字，回家告诉爸爸妈妈同桌的名字。

前后桌说一说名字，介绍一下，争取每天认识三到四位新同学。

孩子们快乐地互相介绍。

在家长的微信汇报中，除了一个孩子说不出同桌的名字，其他孩子都能叫出同桌的名字，大多能认识三到四位同学了，最多的已能在父母面前说出 11 位同学的名字。

不急，我们慢慢来吧，争取一月内让彼此记住名字。

55 个闪亮的名字，55 张灿烂的笑脸，组成了我们北港小学 103 班。对，还需加一个前缀，那就是 2016 级的 103 班。

该给班级，取个什么名字呢？

……

2 颗颗童心，温暖点亮

一阵秋雨一阵凉，江南一过白露，天空中已布满秋的味道。银杏叶丝丝褪黄，虽时而闷热，但夏日早已在悄然中挣扎着挥手暂别，只等来年再聚。

周三，中秋放假前一天，我的心情已种满期盼，也格外愉悦。

从8点20分开始早读，然后是大课间活动、第一节语文课，连续不停没有喘息的机会。

自从带了一年级，每天早晨，我都要在家泡好一杯清香的绿茶。随手捧一只茶杯，告慰我原本就已嘶哑的嗓子。用上小蜜蜂扩音器加不停喝水，上课时适度降低音量，欣慰的是，开学到现在，嗓音还没有告急。

整理订正了一下昨天的作业。孩子们能说，能写，见多识广。语文课上，我讲到中国汉字：在东汉以前，还没有发明纸张，文字通常写在龟壳、竹简、绢帛上。中国汉字从象形文字开始，历经变化，才有了现如今奇妙的汉字。我问：你知道汉字是谁发明创造的吗？原以为一年级的孩子，不会有人知道。没想到，还真有一个孩子高高举起小手。张洪翊说，是仓颉造的字。太厉害了！我连忙向他竖起了拇指。两位桐高老师的孩子，到底知识广博呀，我内心暗暗想。后来与他妈妈微信沟通，才知原来是暑假拼音班老师告诉他的。多上心的孩子，老师讲过的知识用心记住了。改天，我要把仓颉造字的故事好好讲给孩子们听。

有谁知道中国历史上第一位皇帝是谁吗？为了讲秦始皇批阅文书，竹片、木片重达120斤，我又一次考起了孩子们。举起的小手大概有五六只，我叫起了手举得最高的朱笈弟（即琅琅），他说，是秦始皇。

知识面宽泛，思维活跃，字超前认得多，是现在城市孩子较突出的特点。当然，也有少部分孩子因家长家教意识不强认的字不多。

相比于孩子们的说，他们的写明显逊色。而部编版教材把拼音置后，把写字置前，没有写拼音符号的书写过渡，小手指还没充分准备好，就开始着手写字，这也是导致写字弱的一个原因吧。

我一遍遍示范、书空，一次次讲解田字格格式，但一小部分孩子的书写依然不尽如人意。下课时，我把写字较弱的小泽拉到身边，手把手教导，终于写得有点模样了。

一年级孩子好动，组织教学相对累。一节课不知停下干预多少次，有随便说话的，有随意转动的，有小脚恣意架到桌子横杠上的……及时干预后，我一一把这些现象以及孩子的名字记录下来，做到心中有数，也好与家长及时反馈与沟通。

第二节数学课，我在办公室里登记家长们的市府网，一节课只登记了一半。

第三节又是语文课。我又一次提起精神，激情满怀去上课。一年级老师若不提起精神上课，孩子们听课效率会超差。这节课，重点讲书写，讲课堂作业本上的作业。尽管我细细讲，一题一题在投影仪上展示，做给他们看，但还有十来个孩子的作业需要订正。我便让他们一个个上来面批。

小泽的作业又一次出错了，写字部分没有做，连线题错了。我又一次把他拉到我的身边，告诉他应该怎么做，他倒都讲得出，只是格式没掌握。一点拨，孩子马上能领悟。挺聪明的一个孩子，今天的字明显比昨天写得干净、整洁。看来，我昨天与他妈妈的联系是有效的。这孩子是李老师学生的孩子，昨天晚上，热心热情的李老师与他奶奶电话沟通了很久。真的特别感谢李老师。昨天他手中握的笔，笔头全都粗得吓人，今天换成了中华牌铅笔，笔头尖尖的，写出来的字清秀而端正了。

我给孩子的作业本打了五颗五角星。"许老师，我是五颗五角星吗？"他有点不敢相信。

"是呀，你今天的字写得很漂亮，继续加油哦！"我摸了摸孩子的头，他满脸微笑，兴冲冲地离开了。

中午姚老师帮助管饭。幸亏六年级哥哥姐姐帮忙分饭菜，不然，真的难以想象午餐时间的忙碌。

终于可以吃一次悠闲的中饭了。昨天去食堂前，我叮嘱小泽，以后吃完后帮助管餐盘。小泽可负责了，看到有同学盘子里还有剩饭剩菜没倒干净，他赶紧让他们重新倒；看到有的同学方向放错了，他连忙让他们纠正过来。餐具管理像模像样。

我放心去食堂了。中秋节，食堂慰劳老师，梭子蟹的美味，让我暂且消除了一上午的疲劳。

回到教室，我看到小泽已将餐盘整理箱理得整整齐齐，盖子盖好。好能干的小家伙。我赶紧让姚老师去吃中饭。姚老师这段时间奔来跑去，的确非常辛苦。

一位位勤劳的小家伙已经在搞卫生了。瞧，一立帅哥一吃完水果，就拿着抹布在擦走廊上的瓷砖了，唐翌展的责任心尤其强，自从告诉他要擦餐盘上方的墙砖，他没有一天忘记，擦、洗，做得一丝不苟。最该表扬的是全思丞，每天一放下餐盘，他便拿来拖把给走廊拖地。朱笈弟小朋友每天顾不上吃水果，拿着扫帚、畚箕清扫走廊中不小心倒出来的饭菜。陈铭佳做事特让我放心，只交代了一次，让她吃好水果后把放饭的椅子用餐巾纸擦一下，再放进教室，她没一天忘记过……看着这一幕幕情景，我心里如暖流汩汩流淌。

中秋节后，要给孩子们分配简单的卫生工作了。

中午，我讲了绘本《月亮，你好吗》。这是我精心挑选的绘本。中秋节了，要讲个与月亮有关的故事，《月亮，你好吗》是与月亮有关的最经典的十大绘本之一，我们怎能错过？

太好听了，孩子们在座位上一个个听得咯咯大笑，分外享受。

午睡时间到了。一年级孩子入睡太慢了，翻来覆去，不时想说个话，拉个手。两位六年级姐姐帮助管理，让我松了一口气。我在教室里批改作业本，十多分钟后，终于批完，去办公室小憩。

两姐姐反映有三个孩子午睡不乖，其中一男生不停在动，两女生在悄悄聊天。我赶紧把他们的名字记下来。

音乐课上，把课堂作业本按组整理好，这样组长方便发本子。下课时，心近哭哭啼啼到办公室门口告诉我：自己牙齿被同学撞掉了。我问她，是同学不小心还是故意的？她告诉我，是不小心。我又问，是不是牙齿松动，马上要掉下来了呢？她一边哭一边说，是的。那没事的，恭喜你长大了，换牙了！这应该是一件值得高兴的事情。听我这么一说，她顿时破涕为笑。我到教室让同学向她道了一个歉。

做眼保健操时，我发现小王同学乱做。铃声响后，这孩子没有一次静等老师来上课，总想着再玩一玩。我赶紧把他领进办公室，让他坐在我身边认真做一遍眼保健操再回教室。

体育课上，我请出了午睡不理想的三个孩子，到办公室里先让他们静坐了五分钟，又一一进行了沟通和教育。小丁告诉我，中途去了一下厕所，睡不着了，就一直在动呀动。唉！……

第三节课下课时，可爱的王珺告诉我：许老师，我家有个小妹妹一个月了。那祝贺你做姐姐哦！我摸摸她胖嘟嘟的小脸蛋，她满脸灿烂地走了。

可爱的子昕特意来到办公室门口与我聊天，多纯真的孩子。昨天午餐时，她因转到后面说话被我请了出来，便赖在座位上不肯出来，我让她倒数第三个吃饭。纯真可爱的孩子，一点不往心里去。我抱抱她，告诉她：许老师很喜欢你，下回不要随随便便转到后面。她拼命点头。

刚想提早去上综合课，这不，刚走到教室门口，体育老师小王告诉我，有三个孩子在跳窗，被他正好发现抓到了。在跳窗？从窗口跳到教室里面？一年级孩子，居然胆子大到跳窗？我瞪大眼睛，不敢相信，但千真万确。

我让这三孩子站到了讲台边，问他们为什么跳窗。他们告诉我，是小H第一个跳的。原来不是第一个跳，还能成为跳窗理由呀！我劈头盖脸，一顿狠批。

"许老师，许老师，RR还跳栏杆。"这时，座位上的孩子们告诉我。RR？要知道这可是一位文静的女孩子。跳栏杆？怎么跳？内心的火，感觉有点刹不住了。有孩子示范给我看，还说用腿跪在上面。天哪！要知道，这可是在三楼，万一有什么意外，简直不敢想象。每天都在强调文明玩耍，不要随意追跑，更不要玩危险游戏。这又是跳窗又是跳栏杆！看来，以后下课时得在走廊、教室观察着了。

四孩子站到了前面，一个个低垂着头，不声不吭，估计被我严厉的目光、神色威慑住了。

这一节班会课，主要内容是眼保健操过关。随着音乐响起，孩子们开始做眼保健操，谁知，L小朋友两只腿不停在晃动，点名提醒。谁知，腿依然摇晃不停，对老师的提醒置若罔闻。

第二次提醒，小L的腿依然如故。提醒了依然这样，简直是在挑战底线呀，要知道这才一年级，态度这么不恭，以后怎么教？我让他走到讲台边椅子上静坐、反思，告诉他，这是一个集体。集体有集体的规则，老师提醒了，要听进去。

看孩子们椅子下的小被子七零八落、横七竖八地躺在地上，地上一片狼藉，我马上组织了折小被子比赛。我说，这次不是比速度，而是比谁折得好。孩子们赶紧拿起小被子，我漫步教室，观看他们，两个孩子折的小被子有点凌乱，其他孩子都不错。我告诉他们回家多练练。

装袋子，打结，放到椅子下面的横杠上。

我特意再分伴手礼。

跳窗的三个男生和跳栏杆的女生故意不发给他们。

此刻，这四个孩子对礼物充满了期盼。我故意重重地把伴手礼扔到桌子上发出"啪"的一声，刺激他们的神经，希望他们铭记教训。

而后整理抽屉与书包，推椅子，捡垃圾。

此刻，放路队已经晚了，金老师和海芬来叫。小L还不听指挥，随意乱跑。孩子好动调皮是正常的，但不能给集体添麻烦。我让他排最后一个。

急匆匆下楼，送路队，我觉得很不好意思，领导们只在等103班了。还是个下雨天。

等家长接完孩子后，我与第一个想出来跳窗的小H的爸爸和不听劝的小L的爸爸，在校门口及时简短地沟通了一下。

回到教室，看到有四个孩子没有把椅子推进去，有两个孩子地面上垃圾较多。我赶紧拍照，留着与家长沟通。

放学了，朱笈弟和我一起整理教室，对桌椅，扫教室，拖地，拖走廊。教室里布满小灰尘，地面黑乎乎。我们两人一个用拖地的拖把拖，一个用擦窗户的拖把拖，清扫了20分钟，教室地面才变亮堂。

劳动最光荣，朱笈弟是我劳动上的好帮手。帮助倒教室垃圾、扫垃圾是他常做的事情。因为拖地，他的球鞋湿了。

来到办公室，我赶紧拿出班级记录单，一个个跟家长们联系、沟通。与家长说得最多的一句话是，孩子就是在错误中成长的，没事，我们一起来引导。当天的事情当天处理，这也是我一直以来的习惯。朱笈弟一直在边上叫肚子饿了，肚子饿了。

步行到四中开车，再到学校门口接他，等到家，已近6点，琅爸撑着伞在小区主干道上张望了。

一桌子菜肴，总算让一天的疲倦，跑得光光。

3

友谊之船，共同呵护

（一）

上午第二节下课时，我走到教室瞧瞧，刚好准备一下学具。正在讲台上批作业的吕老师告诉我，刚才小微把小静的课表给撕了。负责的吕老师当即处理，问小微原因，小微说是小睿让她撕的。吕老师问小睿，小睿说是与小微开个玩笑。

啊，有这事？

小静哭哭啼啼地说，刚才数学课下课没多久，小微二话没说就把她的课表撕了。她当即尖声大哭，此刻，眼睛红肿得如一只小兔子。

我安慰了一下小静，告诉她，放心，许老师会处理的。她点点头回到了座位上。

我先把小睿、小微两个可爱的女孩叫到办公室了解情况。小睿、小微的妈妈在同一单位，这两个孩子从小认识，是一对好朋友。是否因小睿对小静有意见，才让好朋友小微这么去做的？我联想到前一周某一天，两人放学前突然打架，我当即进行了教育。是否因这件事留下的"后遗症"？多年的教育实践经验，让我拥有了一种异乎寻常的敏锐嗅觉,我快速在脑海中提炼一些信息,做着一些推测。

我问小睿:你为什么要叫小微去撕小静的课表?是不是因与小静吵过架,对小静有意见?

小睿告诉我,她已和小静和好了。她想与小微开个玩笑,没想到小微真的去撕。

开玩笑?有这么开玩笑的吗?

小微,你为什么要去撕呢?我很好奇另一位当事者的行为。

小微说,是小睿叫她去撕的,她就去撕了。她低着头无力地辩解。

哎呀!不能别人叫你做什么就去做什么。你要思考思考哦,哪些该做,哪些不该做。

暂时的处理结果是:小睿、小微向小静道歉,小睿买一张课表以作赔偿。两个孩子答应了,随即到教室上课。

我赶紧联系小睿的妈妈,把这件事的前因后果告诉了她。同样从事教育的妈妈很重视,在电话中赶紧问我要不要来一趟。我告诉她,小事情不用来。我还把小睿与小静以前闹矛盾的事情告诉了她,让她好好问问孩子,是否与小静闹矛盾才指挥小微去撕课表的,还是真的如孩子所说开个玩笑。她在电话中告诉我,凭感觉小睿应该与小静没什么矛盾,前两天,还听孩子说要送礼物给小静呢。妈妈说,等孩子中午吃饭时好好问问。

管好中饭已近12点,我去食堂吃好饭,接到小睿妈妈的电话。她告诉我,课表已买好,让小睿带去赔给小静。孩子告诉妈妈,小微、小静有点争小睿做好朋友的意思。

我很谢谢小睿妈妈提供的信息。午睡前,找来小静聊天。小静告诉我,与小睿的关系不是最好但也不坏。我问她,以前两人吵过架,是否因这个原因两人存在瓜蒂?她告诉我,已和好了,但没有争小睿做好朋友的意思。

到底怎么回事?

下午趁下课间隙,我找来三位可爱的女孩,好好问询。原来数学课下课的时候,坐前后桌的小睿、小静在说话,小静附在小睿耳朵边,很亲昵的样子。本与小睿是好朋友的小微内心很不是滋味,以为自己的好朋友小睿要被小静夺走了。当小睿开玩笑说去撕小静的课表时,她便毫不犹豫去撕了。小静当场哭得"撕心裂肺",在教室批作业的吕老师发现了,小微很不好意思,低下了头,有点儿尴尬……

嗨,小女孩的花花小心语,有趣又好笑。我告诉她们,同为一个班的同学,大家都是好朋友。我对小微说,别担心哦,小睿与小静做朋友,但与你的友谊小船不会翻。放心噢!你们都是好朋友哦!

听我这么说,三位女孩高兴地伸出了右手,紧紧握在了一起,"我们都是好朋友!"三张明媚灿烂的笑脸,定格成一个和美和谐的瞬间。

(二)

班级里时常有男孩间小打小闹的事件发生。

某某与某某不小心碰到了,某某与某某打来打去,某某与某某玩"我是恐龙"游戏时碰疼了……

做班主任,每天处理大小事件无数。55人的大部队,小磕小碰实属正常。

把他们找来问理由,让过错方先主动道歉,鞠躬,帮着揉委屈方的疼处,直到委屈方满意为止,再互相拉拉手,说一句:我们依然是好朋友!

然后,微笑着进教室。

友谊的小船又重新起航了。

(三)

周三,轮到姚老师管饭。

等我吃好上来,姚老师赶紧告诉我,小L不肯吃饭,与前面的小H

之间不知闹出了什么瓜葛，现在终于吃了。

我让姚老师赶紧吃饭，都已12点，肚子该饿得呱呱叫了。这事交给我处理吧！

正在教室批作业的吕老师对我说，刚才小L把木耳扔到坐后面的小H的盘子里，小H大概是用东西打了他的身子，两个孩子便打了起来。吕老师赶紧劝架拉开，了解情况。小L说是小H先弄的他，但好多同学证明是小L先弄的。小L不服气，不肯吃饭，对老师板着脸……

我找来几位同学了解情况，知道了事情的大概情况。今天这事，是小L先扔木耳到小H盘子里的，提醒没用，小H忍无可忍才反击的。

唉！

看到小L盘子里还有不少饭，我让他快吃。他站在那儿不动。外面收盘子的爷爷已在窗口催促，我告诉他，不想吃的话，就去倒了。

孩子拿着盘子去倒了。我让他吃好水果后来我办公室，我会与他聊聊。

没多久，他来到了办公室。我让他静静坐在我身边。此刻，我没有一句责备和批评，只是想让他暂时先静一静。等平静下来，我再找他谈话。

看到他脸色已渐渐缓和，我一边批改作业，一边琢磨着，该谈点什么才能让他放松心情，对我放松警戒呢？我快速地思考着。

我开始与他开起了玩笑："小L，在你家中，你是不是老大？你哥哥是老二，你爸爸是老三，你妈妈是老四！"

"不是的！不是的！我爸爸是老大！"哈哈，孩子听我这么对他说，诚恳地回答。

"怎么是你爸爸老大呢？许老师觉得，你在家肯定是老大！……"

孩子面露喜色哈哈笑，说："不是的，我爸爸才是老大！"

"诺，你看看呀，脾气这么倔，爸爸见了你都怕哦！你在家肯定是老大！"

我继续与他开玩笑，孩子在边上抿着嘴巴笑不停。

"喂，小帅哥，你说，你能不能别把木耳扔到别人盘子里呢？"我说。

他说:"能的。"

"那我告诉你,以后不能这样哦!你自己不肯吃饭,最吃亏的是你自己,等一下你肚子饿得咕噜咕噜,许老师也没办法哦!下回,不能这样做,知道了吗?"

孩子说:"知道了,以后不会这样了。"

我陪他去教室,与小H说了对不起,小H也向他道了歉。毕竟彼此互打了嘛。

晚上,我接到小L爸爸的微信,他告诉我,这当中可能有点小误会——小L告诉爸爸小H经常说他笨,取笑他时常被老师拉出去,他才扔木耳的。我告诉爸爸,我明天继续去教室调查。

第二天到了学校,我问小H,有没有取笑小L,说他吵。小H否认。我问小H的同桌,同桌告诉我,是有几次说过他笨。

怎么可以这样呢?我当即教育小H,不可以这么说小L,你看看小L多厉害,他认字这么厉害,怎么可以说他笨呢?

小H马上向小L道歉。小L笑眯眯地说,没关系。

后来,小H告诉我说,小L不知为什么又弄他。我通过仔细观察发现,原来小L有点孤单,想与小H说话做朋友,才去引起他的注意。

我附在小L耳边说,想与小H同学做朋友,平时要多关心他,有了困难多帮助他,不是去弄他,知道吗?

小L恍然大悟,红着脸告诉我说,知道了。

"小H,小L是想与你做朋友,不是来欺负你哦!"我对小H说。

小H、小L的手紧紧地握在了一起……

(四)

聪明机灵的小航因为优秀调到了第四组。他有点依依不舍,"许老师,我不想去第四组"。

小航,你很优秀,你到第四组能为他们充实力量,再说,你个子也不高,坐在第四排有点看不到。好吗?去吧!

孩子皱着眉头点点头答应了。

第二天早晨,他红着眼睛来找我,"许老师,我不想去第四组,都不太熟悉"。

"没关系,你是小小男子汉,没几天,与第四小组的同学就熟悉了。"我找来了他的同桌小柠,叮嘱小柠,以后多关心多帮助小航,他刚到第四组,还不太熟悉。小柠说好的。

小柠拉着红着眼睛小航的手,一起走到了第四组。

"小航初来新到,你们第四组的同学要多帮助他,多与他做朋友哦!"我说。

"好的!"第四组的同学异口同声道。

此后,小航慢慢适应了在第四组的学习,帅帅的小脸越来越阳光明媚了。

一艘艘童年友谊的小船载满了快乐、理解、包容,以及消除误会后的心有灵犀,缓缓地向前进发,驰往成长的河流。一路上有急流,有暗礁,有豁然开朗,有别有洞天……

播撒童心,何曾有幸,作为老师的我,手拿着一条条装满爱心和智慧的纤绳,努力帮助一艘艘友谊小船,快乐地向前进发……

4 鸿鹄之志，搏击长空

该取一个怎么样的班名伴随我们六年的小学生活？我久久思考，慢慢酝酿。

燕雀安知鸿鹄之志哉！突然，脑海中冒出了这么一句。鸿与红为同音，熟悉我带班情况的同行都知道，一般我带的班级的班名与我的名字有关联，寓意我与孩子们之间可遇而不可求的缘分。既然今生有缘做师生，当面对有问题孩子、弱势孩子的时候，我会这么对自己说：这可是我与孩子之间的缘分。

鸿指大雁，鹄指天鹅，大雁和天鹅是近亲，均是鸟纲，雁行科。鸿鹄是中国古人对秃鹰之类飞行极为高远鸟类的通称。明朝李时珍在《本草纲目·禽部·鹄》中引赞宁语："凡物大者皆以天名。天者，大也，则天鹅名义，盖亦同此。"《汉书·司马相如传》中注释："鹄，水鸟也，其鸣声鹄鹄。"陆玑在《毛诗草木鸟兽虫鱼疏》中说："鸿鹄，羽毛光泽纯白，似鹤而大，长颈，肉美如雁。"在中国的神话中，鸿鹄则指白色的凤凰。古今中外，人们都爱天鹅。我国古代称天鹅为鸿鹄。在国外民间传说中，也常有天鹅形象出现。芭蕾舞《天鹅湖》表现的就是一位美丽善良而又多情坚贞的公主，被恶魔掳去变为天鹅，后在爱情力量感召下战胜恶魔的神话故事。天鹅善飞，是飞得最高的鸟类之一，它因洁白和远举高飞成为了人们心目中纯洁、善良、高尚、勇敢的象征。

查阅到这些资料，让我更加坚定了把班名定为鸿鹄班的决心，致力于打造鸿鹄团队文化，并将其作为小学六年生活的主旋律。

上图即是鸿鹄班的班徽。

鸿鹄——一只展翅高飞的天鹅，是全体小鸿鹄的图腾；引颈高歌，展翅翱翔，是小鸿鹄们该有的飞翔状态。

志远、弘毅、博雅、向善是我们的班训，做一位有志向、有目标、有气度、有文化、有品格的志士，是全体小鸿鹄的追求。

一棵棵树木紧紧围绕，象征着大鸿鹄们紧紧团结在一起，为托起一只只高飞的小鸿鹄而奋斗，创造出更多绿色能量，让小鸿鹄们飞得更高、更远！也寓意着这是一个富有生机、活力的班集体。

每一次组织活动，我们的第一句称呼必为：亲爱的小鸿鹄、大鸿鹄们。也就是说，孩子们、家长朋友们手携手，共同努力来打造我们的班级文化。

Wahhb，是我爱鸿鹄班的首字母缩写。

我爱鸿鹄班，班荣我荣，为班争光。

每年元旦前夕，佳一妈妈都会到网上定制鸿鹄班台历，一年一本，每一个孩子都会出现在上面。想想，55个家庭，55个孩子的书桌上，有独属于我们的班级台历伴随小鸿鹄们的阅读、作业时光，那将是多么美好浪漫的事情。

我们有自己的班服。两件白色T恤，上面印有鸿鹄班的班徽，这是斐斐爸爸特意为小鸿鹄班定制并赠送的班服。白T恤，牛仔裤，童年的美好时光，有一张张小鸿鹄青春阳光的笑脸。

我们有自己的班旗。绿色底的班旗上印着我们的班徽。活动时，与班旗合个影，是一件多么自豪的事情。

我们有自己的电台——鸿鹄电台。鸿鹄佳作欣赏，鸿鹄广播剧场，鸿鹄班务展播……喜马拉雅电台里传出一位位鸿鹄小主播的声音，生生相育，声声入耳。

我们有班级习作集《志飞》。从一年级的鸿鹄写绘集，到二年级的习作集，到正在酝酿的三年级习作集……每个年级一本习作集，记录着小鸿鹄们成长的足迹。

什么时候，我们再拥有一首班歌，那就完美了。

班歌，会有的，肯定会有的……

附：

> 写绘，为小鸿鹄的童年留痕
> ——一年级《志飞1》序言
> 许丹红

童年，是一段无比珍贵无限美好的时光。

如诗，如歌，如画。

绚烂且匆匆。

想要伸出手遮挽时，想要展开手臂拥抱时，想跳跃着捕捉时，她早已匆匆而逝，了无声息。

所幸，我们鸿鹄班有写绘来帮我们留痕，留住这些美好的时光。

何其妙曼美好的初入小学的时光啊——

细细地翻看着，一幅幅富有童真童趣想象力的画作，有的精致，有的朴实，有的浪漫，有的纯真……幅幅洋溢着小鸿鹄们的智慧和热情。

由一开始的大鸿鹄帮助记录文字，到慢慢地自己进行书写，从一两句话到一段话，写绘记录着小鸿鹄们的成长。

常常让我惊叹，惊讶。怎么可以把写绘做得如此精致和富有想象力呢?

每周瞧着一篇篇灵气逼人的涂鸦，我不得不承认，每一个孩子都是天生的画家，潜在的作家。不是吗?

写绘，让我们的一年级生活，丰富、丰盈。

谢谢大鸿鹄们为小鸿鹄无怨无悔地付出。有爸爸妈妈的温情陪伴，有老师们的辛勤耕耘，一只只小鸿鹄尽管羽翼未满，但志气昂扬，向未来美好的蓝天展翅飞翔。

雁过无痕。写绘，为小鸿鹄们的童年留痕。

让我们给自己一个许诺
——二年级《志飞2》序

许丹红

日子如金梭

时光从指缝里悄然流淌

一晃眼，满满两年

目光依然清澈

求知的欲望更为浓烈

一只只小鸿鹄

翱翔在三年级的天空

志远

弘毅

博雅

向善

做

志向远大

知识渊博

行为文雅

向善若水

的志博少年

是我们小鸿鹄们的追求

一篇篇或有趣

或生动

或稚嫩的习作

记录了二年级点点滴滴美好的过往

已经过去了的名叫"二年级"的岁月里

我们努力过

奋斗过

挣扎过

所有笑与泪的日子

凭我们的指尖化为了

一个个字

一篇篇文

如今结集出版

细数

满满的童年美好

来到三年级

让我们给自己一个许诺——

一定要更努力
竭尽全力
做最好的自己
慢慢地
让自己绽放在三年级的天空中
莫辜岁月
莫负父母老师
更莫负自己

5 阅读生活，成主旋律

在现代通信发达的今天，家长们都意识到了阅读的重要性。铺天盖地的微信朋友圈、各种传媒都在宣传阅读带给孩子知识与心灵的丰富。正如朱永新老师所说，一个人的阅读史就是一个人的精神发展史。

教师家庭、公务员家庭、医生家庭普遍阅读氛围比较好，孩子的阅读起步比较早，爸爸妈妈喜欢阅读的往往也较多。但个体家庭、经商家庭，尤其是忙碌的开店家庭，学生阅读起步晚，进入一年级后在老师的要求下，才匆匆开始阅读绘本，一路磕磕碰碰。我相信，只要有行动，永远不嫌迟。而让孩子喜欢阅读，热爱阅读，是每一位语文老师义不容辞的责任。

回顾带领鸿鹄班阅读的历程，有喜有忧，有笑有泪，有收获，有成长。

（一）基础课程助力亲子共读，努力营造家庭的阅读氛围

家庭，是阅读的根。养好根，孩子们才能长成茂密的参天大树。从第一个学期的绘本亲子共读，到第二个学期亲子共读《写给儿童的中国地理》，再到二

年级亲子共读《写给儿童的中国历史》，在爸爸或妈妈的陪伴下，55个家庭每晚书声琅琅，或家长读给孩子听，或家长和孩子一起读，或孩子读一段家长读一段，或孩子自己读……《写给儿童的中国地理》是一套相对而言有难度的书籍，放在一年级下学期进行亲子共读，旨在推动家长读给孩子听，并让家长每天用统一格式发布在桐乡教育APP班级圈中。有些家长读着读着坚持不下去了，放在了一边。有些家长做得特别好，每天坚持和孩子一起阅读。为了让每一个孩子能跟上，我发出了课程结题倡议，委托家委会专门定制了印有孩子阅读《写给儿童的中国地理》照片的杯子，表彰一批优秀学员。如此一来，原本把这套书丢一边的孩子，纷纷重拾，开始重新阅读。我班小T的妈妈，开工厂，大孩正读高三，太忙碌，几乎顾不上小女儿的阅读。但进入12月，每天坚持发帖，让孩子阅读《写给儿童的中国地理》。我表扬妈妈最近在坚持阅读上做得很棒！妈妈告诉我，这次不坚持，怕以后做什么事情都坚持不了。听着这样的话语，我内心颇受感动。《写给儿童的中国历史》，已有一半孩子阅读完。接下来进入第四个共读课程——阅读《希利尔讲世界史》。我们班的小主播们在行动，自己录故事，自己讲，自己读。从国内放眼国外，增加了孩子们的阅读广度和深度。

（二）必读课程书单推荐，努力让孩子们找到阅读方向

每个学期，我都会精心挑选书籍，做一个阅读清单，推荐给家长朋友们。推荐书籍，不是一件容易的事，从经典绘本到"彩乌鸦"系列到国际大奖小说到经典名著，都源自我近十年来阅读经验的累积。正如著名儿童文学作家梅子涵所说，哪怕我们活上三百年，我们也要阅读最经典的书。一个孩子往前走，他最初看到的东西，阅读到的东西，都会成为他以后人生的铺垫。一年级下学期，班上掀起了米小圈狂风，我也从孩子们手中拿了几本来读，轻松、幽默、好笑，但营养不足。我及时在班上刹车，告诉孩子们可以阅读"米小圈"系列，但每月"阅读存折"上阅读量的记载不能

超过两本。如此一来，孩子们开始静心阅读更经典的书籍。

当我发现有些孩子较浮躁，看书乱翻几下后便与家长说已经看完了，我鼓励家长们当孩子阅读完后及时抽查，让孩子说说读了什么，哪怕只说出一点，就是收获。除了到家长那儿过关，还要来我这儿过关。每天，我用许多时间检查孩子们的阅读是否过关。我拿起孩子的书，挑选一些章节，让他说说。若什么也说不出，那不好意思，得重新阅读。如此一来，孩子们阅读得更认真、更仔细了。当然，非常忙碌的我，也更忙碌了，但这样的忙碌很有价值和意义。

（三）自由阅读时间，努力调动孩子们的阅读兴趣

每天早晨，当孩子们来到班级，不交作业本，不搞卫生，先拿出一本课外书，静静坐在座位上阅读。无论何时，书包中放一本课外书，成了鸿鹄班约定俗成的规矩。每天阅读20分钟、10分钟，哪怕5分钟，这样一个月至少比别人多读两个多小时，重要的是，向孩子们传递了一个理念，那就是平素要学会见缝插针。语文课完成作业后，学生可拿出书来阅读，中午空的时候，也可以拿出书阅读。在学校，零星散布着许多自由阅读时间。我鼓励孩子们尝试着去默读，用眼睛看，用脑子想，可以读自己喜欢读的书。时间就如海绵里的水，只要你愿意挤总是有的。看着孩子们投入地阅读，作为老师的我，幸福感满溢而出。

每月一批"阅读存折"，我总不怕麻烦，一个个登记、记录。

看着孩子们在不到一年时间里，阅读了那么多文字，我觉得很欣慰。最多的子昕同学居然阅读了1103万字，就是说，11个月里她阅读了整整100本10万字的书。这真的是一个了不起的数字。

根据阅读量记载，在班上评选出了十大年度阅读人物和十大年度阅读明星，并在学期结束时进行表彰。

孩子们出门旅行带上书，去饭店吃饭带上书……无孔不入的阅读，带给孩子们丰富的精神大餐。

让我们继续热爱阅读，享受阅读的每一天吧。

6 班级的事，轮流来做

班级，一个润泽的场，不应该成为某个优秀的孩子或某些优秀的孩子施展才华或为班服务的舞台。每一个孩子都是班级的主人，都有为班级服务的权利和义务。

进入一年级下学期，我在班上进行了一些改革。而改革，总是以自己的忙碌为垫脚石的。

（一）盛饭菜，轮流做

盛饭菜的不再是一年级时精心培养的六位动手能力强的孩子，他们一个个每天辛苦为班级付出，夏天汗珠子滴答滴答顺着脸颊往下落，冬天北风呼啸，在走廊为同学盛饭菜，手指冻得发红不说，自己还常常吃冷饭。一些从没做过这项工作的孩子，总觉得同学给他盛的饭菜有多有少，时而去家长面前投诉，说某某同学盛饭菜时故意少给他一点，而他却从没有体验过这份工作的艰辛，不知道从一个大锅里把菜分均匀是一件艰难的事情。

一年级下学期了，学生已经适应了小学生活，也应该具备动手能力了。让我们每一个孩子来做班级的义工吧。盛饭菜的工作就按学号轮流进行吧！每周我共安排三位同学盛饭、盛菜、盛汤，为班级服务，一轮就是一周。瞧，有的孩子笨手笨脚，在家从不做什么家务，此刻拿着勺子，不知道如何下手，总是把饭洒到地上。每个周一，都是我精心指导同学如何盛饭菜、如何拿勺子的日子。一周下来，孩子们从不会到会，体验到了为同学服务的艰辛，更体验到了付出自己的辛劳后收获的喜悦。每一个孩子都需为班级付出，他们更深刻地体会到这份工作的艰难，也明白了把菜分得均匀几乎很难做到。只有体验过，才会有深刻的感悟，再也没有同学投诉分饭菜故意少的现象了。

孩子们一开始往往双手笨拙，不知如何下手，一拿勺子，常有饭菜掉到走廊上，我每周都需精心指导，着实为我增添了一些麻烦，而且班级还要冒着被红领巾监督岗值周同学发现地上掉有饭菜多扣分的风险，但我觉得值，因为孩子们的动手能力、班级责任感增强了。

（二）擦黑板，轮流做

教室正前方的黑板，是一块长长的粉绿磁性黑板，淡雅地贴在粉白的墙上，散发出知性的光芒。

平时擦黑板也鲜用黑板擦，而是改用一块粉色抹布。轮流纯粹是出于激发孩子们那份为班级服务的责任心。

为了能让孩子们养成不给班级添麻烦的特质，我在自己能擦的时候，尽量自己擦掉，但也有顾不上的时候。

每天学生按照学号轮流擦黑板，成为我们班的独有现象。我让一位同学负责检查和记录，她每天把该轮到擦黑板同学的学号写在黑板北面一隅，让每一位同学都能醒目地看见。若有遗忘则进行提醒，每提醒一次扣一分。一天一轮流，下课时，擦黑板、洗抹布……进行十分制打分，若一天扣了五分，这位同学明天将继续擦黑板，直到能得九分及以上。每周一评比，一月一评比，学期结束再评比，擦得最积极的孩子，将以他的名字命名黑板。多光荣呀！

（三）眼操员，轮流做

眼睛是心灵的窗户，拥有一双明亮有神的眼睛，是多么幸福。小学生自我约束能力弱，意识不到认真做眼操对保护视力有帮助，往往会悄悄睁个眼，或不跟节拍乱做。

于是督促、提醒同学们认真做眼操的眼操员诞生了。从内心来讲，我也希望天天是那几位自我约束能力强、能干的小干部担任，让这些有威信的孩子管理，我多省心哪！转而一想，这样做那些孩子不就少做了许多次眼操吗？对眼睛的保护不是受到了影响吗？

轮流！一天一轮流，每次安排一男一女两位眼操员，合作管理。在小学中，女生管理能力和自我约束能力往往比男生强，男女混合轮流双管，轻松解决管不住学生的现象。若按学号轮流会遇到自控弱的男生和超内秀的女生搭配，临时作调整，也未尝不可。

班务事，轮流做。在为班级付出的辛劳中，体验耕耘的辛劳，增加同学们的班级责任感和主人翁意识。这是我的班级，我爱班级，为班努力，人人有责。

7 讲个故事，舒缓心灵

静心慢，眼操不认真，一听到眼操音乐响起，教室里乱糟糟得像个马蜂窝，好好地说，没用，扯着嗓子提醒，下回照旧。这也不是一个单单存在于鸿鹄班的难题，整个走廊走一遭，一路看到的都是这个状况。

某一次要上体育课了，眼操音乐早已响起，要做第一节了，整个教室还乱成一锅粥。我走进去一看，说话的说话，转来转去的转来转去，甚至还有的在座位外面奔跑……我便与体育老师联系，让他暂时休息。

于是我带着他们做眼操强化训练，训练了一节课。

小干部喊口令，学生一遍又一遍地做，据同学反映，做得想呕吐了。但好了不到一个星期，再次做眼操时又一次复原。依然音乐响起乱糟糟，我又一次让他们训练了十遍。

这一招有用吗？该想点另外的办法了。怎么办呢？对了，三年级的孩子喜欢听故事的吧？

给他们讲故事吧！

我告诉他们，眼操管理人员若反馈眼操准备快，表现好，那就奖励他们听一个故事！顿时，孩子们的眼睛变得雪亮。

我拿出了多年前的德育资料故事集，当孩子们表现好时，就读一个故事给他们听。

日本一位名牌大学的毕业生到一家颇具实力的公司应聘，主考官只对这位才华横溢的大学生提了这样一个问题："你抱过妈妈的脚吗？"大学生被主考官的提问弄愣了，满脸绯红。主考官接着又说："明天这个时候，请你再来一次。不过有一个条件，你必须抱抱你母亲的脚。"大学生红着脸走了。他不明白主考官的用意，但无论如何，自己也要按照主考官的要求抱抱母亲的脚。

大学生早年丧父，贫寒的家里只有他与母亲相依为命，母亲靠给人做佣人供他读完大学。大学生其实是理解母亲的，也很爱他的母亲，但他压根儿没抱过母亲的脚，他不知抱母亲的脚是一种什么样的滋味。

大学生回到家中，母亲还没有回来。他想，母亲长年在外奔波，那双脚一定很疲乏，今晚一定要替她洗洗脚，然后轻轻按摩一番。

母亲很晚才归来。大学生请母亲坐下，然后端来一盆热水，右手拿毛巾，左手握母亲的脚。突然间，他发现母亲的脚竟然像木棒一样坚硬。大学生顿时潸然泪下，紧紧地将那双脚拥在怀中，久久也不肯松开……已显衰老的母亲的脚，浓缩了母亲一生一世的沧桑，镌刻着母亲抚育儿子的艰辛。母亲正是靠了这双脚，满世界奔跑，才一次又一次地为她的儿子带回希望。母亲的脚步踩出了儿子的前程，却送走了自己的青春；母亲的脚曾站成一棵大树，为儿子遮风挡雨；母亲的脚其实已不仅仅是一双脚，那分明是支撑世界的擎天柱，是托举未来的希望的脚手架……那晚，他终于理解了母亲。

第二天，大学生如约去了那家公司，心情沉重地对主考官说："我现在才真正明白，做人是那么不容易，成才又是何等艰难。你让我明白了一个极其简单的道理，一个人只有理解了母亲，他才可能善待自己。"主考官这时笑了，点点头说："你明天来公司上班吧。"

主考官旨在考验大学生的悟性，岂料却让一个人的灵魂获得了升华。

握母亲脚的手，其实握着的是自己一生的命运。

孩子们的神色随着故事的深入而不断变化着，时而皱眉，时而微笑，时而紧张……

一个又一个震撼心灵的小故事，从我嘴中流淌出来。只见他们一个个睁大了眼睛，认真专注聆听，困扰多时的眼操问题得以缓解。

8 写说明书，练下文笔

5月的鲜花芳香旖旎，办公室桌上，小野菊舒展它那柔嫩的花瓣，好像悄悄在说：亲爱的老师，您辛苦了！五一假期归来，晚托时间调至17:50，这让为师何处安愁，唯有午睡聊以安慰。只是这群毛猴不想睡觉，常搅得老班坐卧不安。

第二天，我继续搬了一把躺椅在教室睡觉。许是早上咖啡因作祟，毫无睡意，我起来给孩子们拍拍照，看到不停歪扭的孩子，顺便提醒一下。

看着艰苦的午睡条件，尤其个高的孩子，蜷缩在高低不平的桌椅上，翻来覆去睡不着，我非常理解孩子们不想午睡。为了让他们睡得尽可能舒服些，这学期开始我允许个高孩子带地毯垫。全身席地而躺，会惬意些。这么大的教室，55个孩子，人人带垫子也没地方铺。我告诉孩子们，可同桌约定，若一人带垫子，另一人可睡桌子。

学生马上要进入四年级，成为所谓的高年级的哥哥姐姐啦！在班会课上，我们一定商议：但凡被记名或忘带东西的学生将写说明书作为警戒。可爱的一立昨天忘穿校服，又忘带《经典诵读》，他懊恼悔恨地各自书写了200字的说明书。400字的书写，让他眉头紧锁，直到完成才露出一丝笑容。回到家，他向爸爸诉苦：倒霉倒霉真倒霉！今天写了400字说明书！乐得一立爸爸直发笑，告诉儿子，这不是你自找的吗？

小瑶，小斌……哈哈！一个个皱起了眉头，无奈在纸上说明原因。每天不是忘带水壶，就是忘带其他东西，以往总是轻飘飘记一下名字，不伤他们一点儿皮毛，一点约束都没有。

我特意在微信群中提醒：各位家长，记得让孩子带上午睡用品，请今晚放在孩子书包旁边，若明天再忘带东西，不要再微信、电话联系我了，请原谅我不再应答了。

以往每个学期午睡第一天，家长送毯子的送毯子，送被子的送被子，忙得不亦乐乎。本以为这样的撒手锏拿出来了，不再如以往一般这位少拿、那位忘带，会安然无事，人人带齐东西。谁知，眼睛骨碌骨碌地转的小瑶美女还是忘了带被子，她写的理由是，妈妈没有看手机，没有提醒。哎……

不过，话说回来，忘带东西的孩子果真少多了。在忘带榜记一次名字，写200字说明书，毕竟还是有一定杀伤力的。

学生语文作业错误百出，这边写错一个字，那边错一个标点。我告诉孩子们，要如数学作业一般"验算"。怎么验算呢？就是左手点着书本上的内容，右手点着自己的本子，逐一检查，就可以避免不该犯的低级错误。我叮嘱：但凡书本上出现的字，不应该错的地方不能错，不然要写100字说明情况。可是，此话如温暖的春风一般轻轻飘过。我批阅作业，发现低级错误比以往略少些，但还是有15个孩子撞到枪口上。若孩子真的没能力做出来，我也不深究了。

一个个孩子订正，一个个孩子反思原因。文字之中，写满了他们对自己不认真检查，不仔细做的悔悟。

从一年级到现在，我一直强调保持抽屉干净，大本子在下面，小本子在上面，抽屉、地面随时随地经得起检查。可单纯记一个名，犹如鸡毛掸子拂拭灰尘一般，轻绵无力，收效甚微。趁某天的拓展课，我在教室进行座位大巡查，共有 12 个孩子记录在册，当然包括我家的小朱。我在家一直喊他整理书桌，每天吵架一般呵斥，他依然如故。

好吧！好吧！奖励一篇"每日一记"吧！我把这些孩子的学号酣畅淋漓地板写在黑板上，并写上：抽屉乱奖励一篇"每日一记"。

拓展课结束了，那 15 个孩子兴冲冲回到教室，看到黑板上那一行字时，一个个土着脸，耷拉着脑袋。不在榜上的孩子，捂着嘴巴，偷偷发笑，做出一幅幸运之状。好一幅可爱的美丽的教室情境图。

吃一堑长一智吧！

孩子们，愿从此神清目明，拒绝低级错误，整理好自己的地盘。但凡有问题让我们不断反思，不断总结，写份说明书吧！顺便练一下文笔。

9 吹个泡泡，欢乐洋溢

冰心的《吹泡泡》，文质优美，充满童趣，字里行间溢满着对童年美好生活的向往之情。

早上，我去学校边上的小店买了一个泡泡机，绿色小兔子头，长长的管子，形状可爱，嘟起嘴轻轻一吹或一甩，一串串美丽泡泡随之而出。

上午第二节语文课，音乐课周老师双高课比赛要借班磨课，所以孩子们去音乐教室上课。我办了一些事情后，悄悄溜进音乐教室听课。看到孩子们一个个双手放在膝盖上，认认真真上课。

一眼望去，唯有一个孩子坐姿随便，歪来扭去，定睛一看，原来是我家小朱。我尽力克制朝上冒的烟，一直朝他看着，可他浑然不觉，整个人处于灵魂不在场的散漫状态，老师提问也不举手。怎么三年级的孩子了，还是这种状态呢？到后来，我实在憋不住，走上前提醒了他一下，拉了拉他的衣角。慢慢地，他总算进入一点轨道。

中午吃劲爆鸡米花，我还在食堂里吃时，小朱来找我："许老师，今天吃劲爆鸡米花，等着你来盛饭。"孩子们都超级爱吃劲爆鸡米花，只要我在学校，都给他们盛，以免孩子们说盛多盛少。我赶紧洗盆，上去给孩子们分鸡米花。小家伙们一个个吃得开心极了。光盘行动第三天，孩子们做得真心不错。

下午，我带领孩子们朗读《吹泡泡》的经典段落，然后拿出了早晨买来的泡泡机，与他们说：我们来玩泡泡吧！

一双双小眼睛闪露出兴奋的光芒，但有点将信将疑，似乎不敢相信。我说："都上来不现实，奖励积极发言的学生上来吹！"哇！一拨平时活跃的孩子兴奋极了，高高举起了手，一拨孩子却皱起了眉，知道自己没机会上台了。

张舒元、徐逸航、魏辰、朱容川……我让他们一个个上来吹。一喊到名字，一个个激动地冲上来，甩起了小棒，一串串轻软的泡泡带着五彩的光，飘飘悠悠地转着。座位上的孩子，好多按捺不住激动的心情，冲上来抓泡泡，追泡泡。最好笑的是我家小朱，拿着泡泡机，潇洒一挥，从教室东面跑向西面，全班同学哈哈大笑。

教室充满了欢乐与笑声。我马上让孩子们写一个与玩泡泡有关的片段，可以借助书上的好词好句。

孩子们唰唰唰写了起来。铃声结束，立马就收。

读着一篇篇生动有趣的文章，我情不自禁地为孩子们喝彩。

最后一节是地方课程课，课始我安排了习作欣赏。每表扬一个孩子，朗读他的佳作后，就奖励他玩一次吹泡泡。

沈笑妍写得特别好，她站在前面朗读自己的文章，陈铭佳在她的身边甩泡泡。五彩泡泡映衬下，一位可爱的小女孩朗读着她的美文，这是一幅多么美丽的情境图。

小张同学这两天在"朝向美好书"的帮助下，行为大大好转，习作也写得很棒。我朗读了他的习作，还奖励他吹了泡泡。孩子不再狂躁与不安，整个脸变得宁静、祥和了。当一个孩子找到了属于他的位置后，他也就找到了在班级里的存在感，开始朝着美好方向前进。

我们玩着、笑着，追逐着泡泡。一个个清澈透明的球儿，轻轻飞起，那么圆润，那么自由，那么透明，那么美丽。借着孩子们童年的手，它们一个个飞向蓝天……这就是美好的童年！这就是快乐的语文！

让孩子们的心里充满快乐、骄傲与希望吧！每一天！每一天！

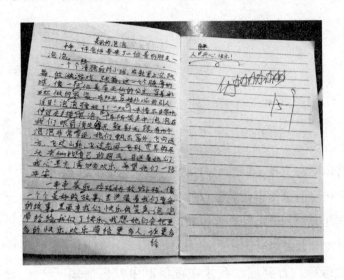

10 表彰总结，鼓舞士气

——鸿鹄班第51届校运会回顾表彰会

我被运动会上孩子们的努力拼搏打动，尽管口头做了一些表扬，但总觉得还需做点什么。虽余温已渐渐散去，但前几天受六班运动会表彰的启发，我决定隆重召开鸿鹄班校运会表彰会。

忙忙碌碌，直到周二我才在微信群中发出通知，挑选十位优秀运动员发言，表彰会由双料冠军李赞主持，并制作PPT。通知的确有点晚，我把周四下午的班会课与周五下午的道法课交换了一下，以便有更多的时间让孩子们准备，好在家长朋友也理解。李赞爸爸第一时间在群内作了回复。我也回复道，在班级QQ群内可以下载照片。我一看去网上购买奖品已有点匆忙，赶紧打电话给展展妈妈，让她为23位为班争光的运动员买纪念品。

周三晚收到李赞爸爸发来的主持稿以及PPT，很棒。周四晚，我简单作了修改，插入了两个视频——徐逸航踢毽子的视频、运动会入场式的视频，发给李赞妈妈时近10点，叮嘱她不要再让孩子练了，主持时我会在边上调控。

期待中的表彰会开始了，李赞气宇轩昂地走上讲台,这位曾经无限内秀的女孩,在运动上表现突出,运动令她熠熠生辉。她落落大方,声音响亮,你根本想象不出,两年前,她那么胆小,缩在教室一角,黯然无语。现在她是校足球队精英队员,深受足球教练的喜欢,校运会 200 米、400 米双料冠军,拉丁舞跳得特别好……是运动,让她变得熠熠生辉;是运动,让她找到了属于自己的位置。众多运动带来的光环,唤醒了孩子的自信,促进了孩子学习上的提升。

带伤上场荣获垒球冠军的小朱同学闪亮登台。他说:"同学们,我每次都能拿冠军是因为我勤加练习,运动会前一个月,我每天都在练习。运动会前两天,我的脚扭伤了,爸爸妈妈让我别参加,但是,我还是上场了。我用力往前一扔,荣获了金牌。所以只要你们努力,也一定可以!"身穿拖鞋脚扭伤的小朱,用力往前一扔,扔出了 26 米多的好成绩,诠释了顽强拼搏的运动精神。

第一次拿金牌的实心球冠军——铭佳上来了。她站在台上说:"我每天暗暗对自己说,我一定要在运动会上拿块牌!作为班长,我还没有为班级拿过奖牌,我一定要努力!于是我就天天练。最后我真的拿到了……拿到了……金牌……"此时此刻,她的眼眶红了,流下了激动的泪水,这泪水是为拼搏而流,为努力而流,为收获而流。我们一起给她送上响亮的掌声。

男子跳绳冠军魏辰上台了,他一跳跳了 238 下。他具体描绘了自己练习跳绳的过程,并说每天坚持练习 600 下。他说,站在领奖台上,接受王校长颁奖时,心情分外激动。

跳远和 400 米均获得第五名的唐翌展上台了。这是他第一次在运动会上为班级争光:

在这次运动会上,我很高兴能够在 400 米赛跑和跳远比赛上取得了第五名的成绩,虽然没有拿到冠军,但是通过这次比赛我收获了比奖项更为珍贵的东西,那就是坚持与拼搏的力量,我认为这才是比赛的意义。

犹记得在 400 米赛跑比赛中,听到号令的那一刻我就告诉自己,要尽自己最大的努力,不要去想成绩怎样,结果如何。在奔跑的过程中,我的脑海中只有一个念头,迈一步,再迈一步,快一点,再快一点,只要用尽全力地奔跑,终点马上就到了。但是我发现其他同学也很优秀,他们一个个超过了我。在快到终点时,我依然处在第六名的位置。我挥汗如雨,却从未想过就这样放弃,我深吸一口气,摆开手臂,将步子迈到最大,向前面的选手冲刺着。功夫不负有心人,我超过了前一名选手,最终取得了第五的好成绩。而在跳远比赛中,我也是抱着这样的信念认真地做着准备,冲刺,起跳,落下,一气呵成,不出所料,我果然取得了不错的成绩。

我们的学习和生活又何尝不像这次比赛一样,拼搏和努力是我们通向成功的唯一道路,在平时的生活中或许不知道结果如何,但是在平时的练习中所付出的汗水永远不会褪去颜色。那些因为热爱而坚持的一次次练习的身影将推动着我们不断向前。我想,这种热爱与拼搏的精神会在以后的生活中给我带来很大的帮助。

我每天从桐乡教育APP上看到小唐在小区里奔跑的身影。投之以李,报之以桃,热爱与拼搏的精神使小唐为班级赢得了宝贵的八分。

调皮蛋旦晨上台了,他说:"同学们都知道我是一个调皮蛋,相信我一定能取得好成绩的。"这句话说得真好,正期待着他说出更好的内容时,他站在台上不知道该怎么说了,一紧张,就站在上面这儿挠挠、那儿抓抓。我告诉他,拿稿读一读吧!他捧着稿子,响亮自信地读了起来。

热烈掌声送给我班头号"皮蛋"。那天,当他200米只拿第四名时,回家哭得稀里哗啦。看着这孩子越来越明亮,我由衷觉得等待孩子的成长也是一种考验。我总与他说:把你体育课上那一种拼搏精神拿出来,一定会战无不胜攻无不克。孩子听到我的话,眼睛里闪过一道自信光芒。

在毽子银牌得主——徐逸航发言前,我播放了他在赛场上踢毽子的视频。毽子在他的脚上如一只翩翩飞舞的蝴蝶上下翻飞,整整一分钟,一个毽子也不掉,如安了一个弹簧般,不停弹呀弹呀……而他身边的其他人，不停地捡毽子……孩子们看得入迷，赞叹着，情不自禁为小航鼓掌。他们只知道他毽子踢得好，没想到踢得如此好。比赛视频挺有震撼力！

跳远铜牌得主黄佑宸上台了，他讲到在学期一开始，他就树立了要在运动会上拿牌的目标，经过不停努力，终于如愿拿到了一枚珍贵的铜牌。

谢谢佑宸妈妈和昕玥爸爸导演了运动会开幕式上的入场仪式，也感谢12位爸爸亲临赛场助阵，他们舞起长龙，那份阵势是孩子们童年最美好的回忆。入场式尽管只拿了三等奖，但我们的视频刷爆朋友圈，登上很多媒体的头条。

我认真观看了完整的入场式视频，感受了这份激动，也找到了我们的问题。我首先作检讨，主要是我的原因，队列比赛运动员们展示太少，家长风头盖过了小朋友，再加上展示伊拉克国旗时小金和小徐出了点问题。这时有同学嘀咕，都怪他们。我马上制止，不能指责他们，他们也不想这样。

我说，孩子们，没关系，我们不在乎输赢，人生有太多输赢，我们只在乎你们童年是否有意义和快乐。

张舒元上场了，他讲到为了在运动会上有个好成绩，每天坚持在跑步机上练习跑步，每天练踢毽子……功夫不负有心人！

在运动场上失利的运动健将——小金上场了。200米比赛时，他起跑太慢，只拿了第四名。400米比赛时又抢了跑道，被取消资格，当时的他哭得特别惨。但是又有什么关系呢？著名电影演员刘晓庆在50多岁时，还在感慨人生可以从头再来，我们是八九点钟的太阳，有的是机会，有的是希望，我们的人生不怕失败，让我们从头再来！

双料冠军李赞压轴。她说，别人看看她有一双大长腿，觉得她跑步轻松，但真的很不容易，她觉得很累，但一直努力坚持着……

我给23位运动员一一发奖品。第一梯队是为班级拿7分及以上的孩子，奖一个得力文具盒。得力得力，越来越有力！得1～6分的11位运动员，奖励他们一个作文本以及一支水笔。

我们欢乐地合影留念。这是鸿鹄班对运动员们拼搏的奖励和肯定，也是对他们付出汗水后的一种热烈支持。

从一年级17分刷低北港运动会班级得分最低纪录，到二年级跃为年级第三名的95分，到现如今三年级的第二名165分，我们一路前进，一路拼搏，这凝聚了多少鸿鹄人的努力以及奋斗。一枚枚奖牌、一张张奖状背后，是运动员们的默默付出。

掌声送给每一个努力着、拼搏着的孩子们！

在《明天会更好》的歌声中，表彰会圆满结束，下课的铃声也恰好响起。

心田中那一份感动、澎湃、激动、勉励、拼搏，久久留在了孩子们童年的心田。运动表彰会鼓舞了士气，增强了班级向心力，让班级凝成了一股异常结实的绳，真好！真的好！

11 美食义卖，情牵西部

在六一节前夕，为表达对西部贫困山区孩子的一份爱心，鸿鹄班举行了一场美食义卖募捐活动。

孩子们自由组合成小组，自己在家和家长一起制作美食，有香喷喷的烘焙面包，有香甜可口的水果色拉，有清香爽口的自制饮料……各色美食琳琅满目，在制作美食的过程中，孩子们培养了动手能力，也拉近了家长与他们的心灵距离。

在教师餐厅，各小组摆起了摊点。吆喝的吆喝，招呼的招呼，还有的小组别出心裁，设置了"抽奖袋"，告诉伙伴们前来购买可以免费参与抽奖，有的小组进行了买一送一推销……孩子们在"买与卖"角色体验中，在美食品尝中，提升了财商，体验到了赚钱不易。

此次爱心义卖，共募得善款1347.6元。由鸿鹄班家委会全款购置了书包、T恤、文具等爱心物资，然后捐给贵州省遵义市绥阳镇太白小学303班的15位贫困孩子。

太白小学位于高寒边远的西部山区，很多教师是民办教师，家长多数无文化，靠务农为生，多子女家庭、单亲家庭较多，贫困孩子多。

　　此次鸿鹄班全班孩子的爱心义举，得到了家长们的热烈支持。正如家委会会长朱钱昕玥爸爸所说：类似的正能量活动，我们以后坚持搞，并把更多信息传递给孩子，随着孩子渐渐长大，再由他们自己去做，这对他们的人生会产生深远影响。

12 观灾难片，引以为戒

刚为孩子们的出色喝彩，谁知，"班级灾难大片"来临。批阅课堂作业本，宛如来到地崩山裂的灾难现场。

你看，这小C同学，明明很聪明，字却歪歪扭扭，写得很大，多次让他重写，一点效果都没有。

小Y把"遍地"写成了"便地"。拖起黄牛就是马，根本不会去想这个词语的意思。

小Z，听写词语全部对，九个看拼音写词语错了四个，"汽笛"写成了"气笛"，"船队"写成了"船堆"，"初夏"写成了"出夏"，"满载"也写错了。

成绩差的孩子都有一个共同特征，那就是学习品质差，不管对错，只求做完把作业交上，根本不读题，连翻翻书也嫌麻烦。这些看拼音写词语，我反复叮嘱，可以看书，可以查字典，谁知出现这么多惨不忍睹的状况。

我把这些不理想的作业拍下来发在班级微信群，告诉家长朋友——各种灾难片来临！

微信群里，一点声音都没。我知道，每一位家长都对自己孩子的字迹非常清楚，灾难片主角的家长们心中肯定不是味儿，毕竟，这些题目全是不需要动脑的题，这么乱做，纯粹属于态度不认真。

中午，我抽时间来到教室，一反常态，打开实物投影仪，告诉孩子们：灾难片来袭！一开始，他们不知道我葫芦里装的是什么药，一个个睁大眼睛好奇地看着我。

首先，请出灾难片第五男主角——小 C。明明很聪明，却乱写，字全都写在了外面。拍个灾难片，演个小配角绰绰有余。我煞有其事地说。

小 C 皱起眉头，一脸不堪。同学们捂住了嘴巴，偷偷笑。

放重型炸弹了。我把一本本作业投在上面，边播放投影边声调柔和地说："便地"是什么呢？这可是我们班灾难片的头号女主角写的。全班同学笑得前俯后仰。

"船队"写成了"船堆"，把船堆起来，怎么堆？你堆给我们看看，好不好？这是我们班灾难片的二号男主角。

哈哈哈哈……整个教室成了欢乐的海洋。孩子们笑的笑，捂肚子的捂肚子。小 Z、小 Y 等灾难片的各种主配角们，很不好意思，尴尬地坐在那儿，笑也不是，哭也不是。

听到"灾难片"这三个字，他们觉得分外新奇。我告诉孩子们，你们以后多拍点喜剧片让许老师舒展眉头，争取成为喜剧片的男女主角，而不是成为灾难片的主角。

小 Z、小 Y、小 D 等灾难片常驻主角，不敢再胡乱写了，据说回家纷纷得到了爸爸或妈妈的警告。

13 足球比赛，学会拼搏

我校是嘉兴市足球特色学校。每年 10 月份，是一年一度的足球狂欢节。校门口，摆出了一个个大大的足球模具，充满足球魔力。青春、运动、狂野的欢乐，洋溢整个校园。

带着无限期待和憧憬的三至六年级的足球联赛开始了。班上的男生，大多喜欢这项运动。

二年级结束前的一个月，体育老师挑选足球运动员，经过初步体训，再加暑假集训，最后确定校足球队成员。我班有四位男生在足球队，其中朱容川荣幸地成为三年级校男足队长。

乘着联赛东风，在魏辰爸爸、朱钱昕玥爸爸的支持下，鸿鹄足球队正式成立。我们在网上定制了队服，蓝色球衣，蓝色球袜，别提多拉风了。穿上身，一个个看上去分外神气。我当时正在北京参加国培，这一切全由魏辰爸爸搞定。多么热心的爸爸呀！

当鸿鹄队员身着比赛服装上场比赛时，五六年级的哥哥们纷纷说，好羡慕有这么一套球服。

赛前，两位爸爸来到操场，亲自布阵，进行技术指导。

（一）

　　第一次开场，两场比赛。魏辰爸爸和昕玥爸爸双双来到操场，亲自进行技术指导。

　　我们的啦啦队员纷纷拿着加油牌，呼喊助威。

　　首战四班，上半场十分钟内一个球没有进。下半场，核心队员张舒元休憩，换上足球队长朱容川，没过多久，大脚力射进了球，全场欢呼。

　　第二场对阵一班。据说一班有高手。我班足球小子们奋勇拼搏，勇敢前进，开场两分钟不到勇猛地射进一球，取得开局优势。

　　后来一班也进了一个球，这时，场上的气氛特别紧张。我班足球小子们发扬拼与博的精神，最终以2：1又赢了一场。

　　连赢两场，滋味甚爽。

（二）

　　然后，对垒实力强大的五班、六班。

　　那两场，打得分外艰难。

　　比赛因天气情况一推再推。终于，在某个周一，开始了关键的两场比赛。

　　这一天，朱容川因身体不好，请了假。缪漪静鞋子穿着不对劲，不舒服，是向朱笈弟借的。

　　教练只有魏辰爸爸，昕玥爸爸因要调课没有来，而五班、六班也都有家长亲临指导。

　　先是五班。那边的家长——我的同事蒋老师，告诉学生，盯住那位张舒元。我班在前面冲的只有张舒元和沈嘉懿。王诚斌候后场，缪漪静后卫。比赛一直紧紧咬着，双方进不了球，但五班射门机会次数多，好多次被小王守住球门，救了下来。

舒元太累魏辰代替他，上场了一会儿。诚斌太累，筊弟上场替换了一会儿，他奔跑速度快，善长射，有力，挺不错。双方围、追、截、堵，始终进不了球。

点球。

2：1，我班输了。

另一局，对阵六班。

相同命运，居然又一次点球输给了六班。

惨败。

孩子们一个个垂头丧气回到教室，那份沮丧无以言表。一立和予泽两位同学，因为激动喊加油时喊错了，喊成了六班加油，同学们意见很大。两个孩子也像犯了错的罪人一般心有愧疚，站在教室门口不敢进。我告诉孩子们，相信他们两个都很爱自己的班，只是一时口误，给他们一个立功的机会。一立爸爸回家教育一立，班级就如自己的祖国，不为自己的祖国喊加油，怎么行！

（三）

只剩下最后一战了，因总下雨，比赛一推再推。

主力队员们时时坐在转角处的楼梯口商量战术，这是一场至关重要的比赛，决定着我们能否进前三。

接到命令，周一场地不行比赛取消，周二将在午间活动时进行。爸爸们都没有时间，这次我也想靠孩子们的实力进行一场真正意义上的较量。

最难堪的是我们班的核心队员——舒元，前一天训练时，他腿受伤了，他爸爸说不能上场。比赛时，他特别勇敢，坚决告诉我能上场。我看着孩子这么坚定，就让他上了。

负伤上阵的舒元，勇敢、坚强、用心拼，飞快跑。为班流汗。

上半场，谁都没有进球。莫非又要来点球大战了吗？趁中间稍微休憩的时候，换上朱容川，小试一下，让张舒元暂时休息，诚斌体力不行，让筊弟上场，不是校足球队成员的他，勇猛威武，或跑或抢或射，想着快点进球。舒元请求马上上场，我果断换下容川，没几分钟，舒元以迅雷不及掩耳之势快速抢球，直射球门。啊，进了！我们全班欢呼着，雀跃着，激动呀！

结束的哨声吹响了。胜利属于我们班。小鸿鹄们激动着，欢呼着，回教室的路上一个个不约而同地唱了起来，嘹亮的歌声里洋溢着快乐与自豪。

竞技体育带给我们的团队精神和昂扬斗志，比任何言语都有力量。

为这群拼搏的足球小子们，喝彩！

14 社会交往，该补补课

春暖花开，我带《南湖晚报》的小记者去采风，一路上与孩子们聊天。孩子们与我说：某某某喜欢偷看，某某某只有一个朋友，某某女生总平白无故打人……车上与孩子们聊东聊西，从闲聊的碎片——民间信息中了解到了班级"亚健康"的一些信号。

一个孩子在班级的融入度，是他社会化交往状态的一种体现。人是群居性动物，缺少朋友，孤独，对年幼孩子来说是痛苦的。曾经有老师做过调查，一位考试个位数的孩子，每天兴致勃勃来到学校，每天上课如听天书，如坐针毡，但他还是喜欢来上学，就因为有小伙伴，有朋友。

哪些孩子口碑比较差？哪些孩子在这个群体中融入度不够呢？我找了个时间，让孩子们写写：最想对某某同学提提意见，说说对他的看法。

孩子们一个个提笔书写。我收上来归类。

小 X 得票率最高，男生、女生都提到了她有暴力倾向。当她表达不如意时，喜欢用嘴巴骂，用眼睛去鄙视，用手去拍打。有的时候，无缘无故骂别人。几周前某一个家长开放日，发生了一件事情：一位男生在与另一位男生玩，小X挺身而出，死命按住了一位男生的手指，导致他大拇指红肿得厉害，将近一周不能弹钢琴。我问她原因，她说她在打抱不平，因为她的眼睛看到这位男生在打另一位男生，她觉得自己是路见不平一声吼，出手解救同学。其实，两男生根本就是在玩。

小J和小C得票率紧随其后。两男生趣味相投，平时嘴巴上喜欢说别人，不会说好听的话，尤其是小C还动不动喜欢打小报告，明明自己有错在先，告诉老师时往往把自己那一部分忽略掉。

小B得了五票。同学反映他脾气大、爱骂人等。

其他孩子零零散散得了一些票，比如上课爱说话，垃圾喜欢踢到别人那里，管理班级时有点凶，比较自私……

我归纳了一下，最不受同学欢迎的原因有：

（1）爱打小报告，动不动就去告诉老师。

（2）脾气大，易怒。

（3）喜欢嘴巴占别人便宜，嘴巴臭。

我在班级微信群中告诉家长朋友：我今天搞了一个"给同学提建议"的活动，部分同学收到了同学给予的比较多的建议。希望各位家长朋友关注孩子在群体中的表现，一个孩子的社会化交往比成绩更重要。

我逐一把孩子写的纸条私发给了家长，让家长朋友看到自己孩子与同学交往时存在的问题。

得三票之内的孩子，我逐一找来，叫到身边，一一叮嘱以后该注意的事项。

得票率较高的四个孩子，我把他们请到了办公室，一一问他们为什么得票率这么高，让他们自己寻找原因，为什么是这样一种状态。我与他们一个个谈心，希望他们认识到自己身上所出现的问题。

家长朋友收到我的信息后，做了回应。

晚上9点，小X爸爸打来电话，检讨了自己的教育方式，感谢老师对孩子身上的问题做了反馈，说他会好好引导孩子，在校若再有这样的情况，希望我能及时反馈，以便他们能及时干预和引导。

家长朋友的重视非常重要。我相信，孩子们会慢慢朝向明亮那方。让我们一起来签订一份朝向美好少年的承诺书吧！

十岁了，做一位朝向美好的少年

1. 尊敬长辈，孝顺父母，有好吃的要学会分享，记住爸爸妈妈的生日，并送上祝福。

2. 富有家庭责任心，主动承担力所能及的家务事。

3. 拥有家庭荣誉感，珍惜家庭名誉，多为家庭争光。

4. 宽以待人，与人为善，做事大度，心胸宽广，凡事不斤斤计较，吃亏是福。

5. 有礼貌，爱劳动，主动帮助父母干活，认真做值日。

6. 排队文明，不插队，不争不抢，公众场合不大声喧哗。

7. 心中装着别人，不给别人带来麻烦。

8. 具有是非辨别能力，多交益友，懂得什么样的人值得交往，什么样的人需要远离。不敌视不喜欢的人，适当保持距离。

9. 遵守餐桌礼仪，吃饭捧住饭碗，吃多少盛多少。外出吃饭不离开座位，少喝饮料。

10. 在学校遵守纪律，严格要求自己，不给别人添乱。不与同学追逐打闹。

11. 学会察言观色，及时调整自己的言行。

12. 注意安全，不在楼梯打闹和玩耍。外出一定要与父母打招呼。

13. 学会控制自己的脾气，遇事好好说话，平和地表达自己的想法。

14. 不说脏话，不做不文明的事情，讲卫生。

15. 作业认真、仔细，字迹端正，抓紧时间高效完成。精益求精，各科作业尽量一次性过关。

16. 上课时积极动脑、大胆发言，不做小动作，不东张西望，不交头接耳。

17. 经常整理书包、抽屉、书桌，随时保持干净。

18. 自主管理能力强，学会自律，加强自我教育。

19. 合理安排时间，养成做好作业再玩的习惯。家中来了客人，打好招呼后，做自己的事情。

20. 学会心理调节，遇到困难或不开心的事情，学会向父母求助和倾诉。

签名：_____

15 暑假作业，提供答案

天不怕，地不怕，只怕学霸过暑假。网上有关暑假要努力的段子，刚到假期就硝烟弥漫。这不，才刚刚跨进暑假的大门，朋友圈到处都是这样的心灵鸡汤：学霸的暑假是认真的，努力的，奋进的，进而进一步拉开与一般生之间的学习距离。

是呀，懈怠的心谁都会有，何况小学里自我控制能力弱的孩子呢？谁不想趁此机会偷偷懒，放松一下呢？操心了一个学期的年轻父母，也希望暑假中能多一点属于自己的自由空间，借此安慰辛劳了一个学期的老母亲老父亲的心。两年多带下来，我感觉尽管我们学校在当地属于行业楚翘，家长文化素质普遍较高，但暑假作业质量往往堪忧。学生的字乱七八糟，不检查，花了许多时间做的暑假作业有效性差。

如何让孩子们的暑假作业质量有所提升，同时又不过分加重家长的负担呢？

我批改着儿子的语文暑假作业，脑海中不禁想：这语文暑假作业几乎没有基础题，全是阅读理解或课外拓展题，如果不提供参考答案，让家长批，的确有点为难。但如果家长不批，不检查，错的依然错，价值不大，做了等于没做。

怎么才能让孩子们的暑假作业更有效呢？我决定分科挑选四位家长，让他们认真批阅自家孩子的暑假作业，若有不清楚不确定的答案自己查阅或考证，批好、订正好确保没有错误后发在班级微信群中，这个孩子的暑假作业将作为一个参考答案，全体家长在批阅暑假作业时可以将其作为参考依据，就不需家长再劳心劳肺地查阅或验算了。

语文由我负责，落实好我家小朱的暑假作业本，数学我请舒元妈妈负责，她是一位高中语文老师。虽然学科不同，但堂堂大学生，批阅小学生的数学作业绰绰有余。英语由陈誉妈妈负责，她是一位初中英语老师。科学由张洪翊妈妈负责，她是一位高中物理老师。我挑选的这些家长都是老师，且基本与自己所教的专业能够匹配，这样查答案方便些。

我在微信群中发了一则通知：

各位家长朋友，为了让暑假作业对照批阅的可参照性强一些，下列同学的暑假作业请家长批好，查好答案，确认好，再发到群里。语文：朱笈弟；数学：张舒元；英语：陈誉；科学：张洪翊。

三位家长朋友没多久就回应了，纷纷留言：收到信息！

我在批阅儿子的暑假作业时，分外仔细，生怕批错。阅读理解题，我反复斟酌，阅读短文内容，努力让参考答案精准些。当小朱有错题时，我让他用不同颜色的笔在边上订正，并抄写三遍，以最规范的姿态订正这一本暑假作业本。

过段时间我会发几页到班级群中，让家长朋友参考。暑假中，班上孩子们似乎更忙了，忙着参加各类兴趣班，忙着艺术考级，忙着天南海北旅行。没有每天都上传作业，希望我们的家长朋友和孩子们没有紧张和紧迫感。

我看到舒元妈妈把数学答案发上来后，拿出儿子的数学暑假作业本开始对照答案批阅。唰、唰、唰，哦，是对的……果然轻松多了。不用研究，不用思考，不用绞尽脑汁，若发现儿子的暑假作业与参考答案存在不一样的地方，琢磨一下，看看到底错在哪里，再让孩子订正一下，果然方便多了。

幸福指数瞬间飙升的感觉。相信其他家长，与我感觉类似吧！

到8月5日，等所有学科的参考答案发出来，我也认真批完了儿子所有的暑假作业，并让他及时订正好。为了营造一种你追我赶的氛围，我在备忘录中做了一个模板：四门主科暑假作业已做好，家长批好、订正好的请在相应的学号后面填入孩子的名字。

我先把我家小朱的名字填了进去，表示他已把暑假作业本做完了。当天我看到天乐爸爸和一立爸爸也把孩子名字填上了。一天又一天，学号后面的名字越来越多。当看到班级微信群中名字越来越多，没完成的家长会不断催促孩子——看看这位完成了，看看那位完成了，总不好意思老是让自己孩子的名字空在那吧。

也有个别家长，自己本身工作繁忙，顾不上孩子，一直没有填写孩子的名字。我悄悄地与家长微信沟通，家长说工作太忙，没时间批阅，作业已全部做好。家长还回复我说：今天晚上，一定给孩子批好！

晚上10点左右，家长把孩子的名字终于填到了学号的后面。还加了一句：许老师，真不好意思，拖后腿了！我看到后很客气地回复：妈妈，辛苦了！

新学年，报到注册，孩子们上交暑假作业本，55个孩子，除了一位家长只批了近三分之一外，54位家长朋友认真批阅，孩子认真订正。暑假作业的质量和有效性，前所未有的好。

暑假上班后，当一位同事拿着女儿的数学暑假作业来到我们办公室，希望数学老师批阅时，我告诉她，我们班数学暑假作业微信群中有参考答案。同事一一参照，很快就批好了。

科学老师小潘与我说：许老师，这个暑假，你在微信群中管得真牢呀！

其他同事惊呆了：哇！原来暑假中你还伸长了手臂，还管着孩子们，引领着家长朋友呀！

我笑着说:这就叫携手引领,共同前进!

我们来读一读小主人公张舒元的《不一样的"过山车"》一文,他体验了一个不一样的暑假呀!

不一样的"过山车"
——记数学暑假作业一事

8月2日这一天,我终于将数学暑假作业全部订正好,心里一块大石头终于落地了。你可能会问我,不就是暑假作业嘛,有什么好紧张的?那我就来跟你说说这当中到底发生了什么事。

7月4日,妈妈收到了班主任许老师发来的信息:"各位家长朋友,为了让暑假作业对照批阅的可参照性强一些,下列同学的暑假作业请家长批好,查好答案,确认好,再发到群里。语文:朱笈弟;数学:张舒元;英语:陈誉;科学:张洪翊。"听到这个消息,我瞬间像被雷击似的,一屁股坐在椅子上,半天合不拢嘴,因为前两天我去妈妈单位时把数学暑假作业全做完了。做完了不是好事吗?不不不,大事不妙,为了和妈妈同事的女儿孙赵琳比赛谁先做完数学暑假作业,我的做题速度像闪电一样快,正确率肯定不高,况且还有许多涂涂改改的地方,卷面不整洁。我恨我自己,恨自己为什么不慢点做。但事情已经发展成这样了,后悔也来不及了。

第一天轮到爸爸给我批作业时,他端正地坐到我的书桌边,一本正经地开始批了起来。我看到他双眉紧锁,便手忙脚乱地脱下鞋子,飞快地跳到自己的床上,迅速地缩在一个角落里,一动也不敢动了。

过了一会儿,我探出头去,发现爸爸好像在思考着什么,突然抬头瞪了我一眼。我吓了一跳,以为我做错了,赶忙把头缩回来。缩回来也没用,爸爸迟早会叫我,三十六计——走为上。我立刻翻身下床,轻轻地穿好鞋子,蹑手蹑脚地走出自己的房门。刚走出房门,我就松了一口气,总算逃离了"百慕大三角"。

30分钟后爸爸走出我的房间，脸带微笑地对我说："今天不错，没有错误。"我高兴得一蹦三尺高，差点撞到屋顶，妈妈也轻松地拍好照片，发到了班级群中。

可是后来大部分数学作业都是妈妈批的，她批的时候，总会这样说：字写得太难看了，错误率太高了，这么简单你都错，作业本好脏，这里怎么乱写乱画……每次妈妈批数学作业时，我的脸就红得像番茄。不过有一次妈妈没批出我错误的地方，我就想：哈哈，你看，妈妈你不也有犯错的时候吗？

8月2日我终于订正完数学暑假作业啦！妈妈拍了我订正好的作业本，全部上传到了我们的班级群。因为数学暑假作业，我的心情像坐过山车一样忽高忽低，现在终于可以平静了。

16 美篇展示，温暖励志

美篇展示，是我经常用来展示孩子们优秀作业的一种方式。它很方便，只要有网络，随时随地都可以制作，不受场地限制。最值得称道的一点是，美篇可以随时随地修改。全部制作完毕，你若还想加一些内容，或替换一些照片，随时可更改，随心所欲，满足了我精益求精的一颗心。但公众号一旦发出信息，无法进行大面积修改，只能删除重新再发，这实在是一道硬伤。

孩子们丰富多彩的寒暑假生活、实践活动，我们用一张张精美的小报来展示。

一年级时，我不要求孩子们出小报，只需上传一些照片给我。从二年级开始，我尝试着让鸿鹄班的孩子出小报，家长不包办，可以进行指导，帮助寻找一些参考图示，可以买来出小报的相关书籍，协助孩子一起设计版面，督促、提醒孩子认真书写。

我常提醒孩子及家长朋友：出小报的纸张不能用软绵绵的大白纸，要厚一些，最好能用漂亮的卡纸托个底，四周要留出一些边框，不要满格地写，不然会少几许灵动。同时会在微信群发布网络上的一些优秀小报，让各个孩子参考、借鉴。出好的小报，我会让他们发在桐乡智慧教育APP上展示，我会及时点评。若发现做得不够认真，不太符合要求的小报，我也会与家长反馈，让他们最好能重新再做一份。在精益求精的追求之下，孩子们出小报的能力逐日提升。

每次寒暑假，我会精心挑选优秀的小报、书法作品，再精心挑选一个符合孩子们作品的模板，配上柔和的音乐，制作成一个个美篇，发到班级微信群，让家长朋友观看、学习，同时寻找个体之间的差距。美篇的作品展示，就是一面明晃晃的镜子，促人反思、进步。

我也会把美篇转发到自己的朋友圈，扩大孩子们的影响力。家长朋友们也会转发到自己的朋友圈，让更多朋友看到孩子们的优秀作品。

当然，美篇的展示我并没有到此为止。我会利用希沃软件的投屏功能，把手机同步到教室的电脑屏幕上，把美篇上展示的小报或作品一张一张播放给班上的孩子们看。孩子们往往会一边欣赏一边赞叹，激发了入选者的自豪感。

优秀的作品，我会边放作品，边告诉孩子们好在哪里，有的时候，会邀请作者介绍一下，如何才有了这么好的作品，平时是如何训练的；有的时候，也让孩子们谈一谈，哪一幅作品自己印象最深刻……

欣赏、讲评、表扬、鼓励，提升了孩子们的鉴赏能力。

美篇上入选作品的孩子们，我会给他们发一张奖状，或发一张入选的喜报，让他们手拿喜报在教室门口拍照留念。

美篇展示的，可以是一次活动，可以是一次小报，可以是一次优秀习作，可以是一次书法作品，也可以是一位进步孩子的风采……丰富的美篇展示，温暖了孩子们的童年，增强了他们的成就感，也为孩子们温暖的童年生活留下了美好的痕迹。

17 发表扬信，再合张影

我曾经多次与家长朋友反馈，鸿鹄班没有天才型学生，只有人才型学生，要想在班级、年级脱颖而出，唯有付出更多汗珠。越努力越幸运，一直是我们的班训！冰心说，成功的花，人们只惊羡于现时的美丽，而不知当初她的芽儿浸透着牺牲的细雨、奋斗的泪泉，命运总是垂青有准备之人。

年级奥数班选拔，三年级原奥数班成员加上数学老师推荐的数学优秀生，午饭过后去食堂参加考试。

当我吃好中饭回教室时，看到原奥数班成员要去考试，我让心近上来管，她告诉我，她也要去参加考试。我说，你不是奥数班的，怎么也去考呢？她说，是何老师叫她去的。我一看，佳一、魏辰等原本以五分之差挤在奥数班门外的孩子也要去参加，原来他们都是数学老师推荐的数学优秀生。

我一眼望去，咦，怎么逸航没去？"逸航，怎么没去？要不，你也去参加选拔吧！"他坐在椅子上没动，有点不太情愿的样子，估计是何老师没有叫他去考，有点不好意思吧！何老师也在讲台上，与他说："去试一试吧！"我补上一句："试试看吧！万一考进了呢！"

他拿起文具盒匆匆赶往食堂，参与选拔！

奥数班成绩出来了，完胜。150分的考卷，共15道题，划到75分，全校总共34位，我班14位，占比超过40%。我着实被深深震撼了！

小航以85分的成绩，胜利进入奥数班。尽管在三年级的奥数班选拔赛、厚学杯竞赛等数学比赛中，他一直状态不佳，屡屡失败，但他没有放弃学习，一直默默努力，如今考中奥数班，正是对他一直以来的努力的一种回报，所谓一分耕耘一分收获。心近、佳一、魏辰都是这样的情况，不因没进奥数班而放弃努力。梦想总有开花的时候！

我奖励入选的14个孩子每人一封表扬信，合影留念，并发在微信群中。我留言道：在今天校奥数班的突击选拔考试中（参加者为原校奥数班成员＋少数数学老师推荐的数学优秀生），我们班取得了大丰收，感谢孩子们一直默默努力，感谢家长朋友一直默默陪伴，感谢数学老师用心教导！希望选上的孩子再接再厉，没有入选的孩子，家长陪伴着继续努力！

校奥数班成员已成定音，那么校文学社成员怎么选拔呢？是如三年级般由我指定吗？想想觉得不合适，四年级了，学生已有一定写作基础，何不来一场现场作文赛，顺便我还可以看看孩子们当场的习作能力。

说行动就行动，我找来了一叠白纸，找了一节课，兴冲冲走进教室。孩子们看着我有点丈二和尚摸不着头脑：咦，怎么许老师没有拿语文书，只是一叠白纸呢？

我郑重告诉孩子们：现场作文赛，挑选校文学社成员。写什么呢？就写一篇游记吧！看看孩子们暑假当中发给我的电子稿，一篇篇写得真生动呀，到底是自己写的还是家长朋友帮忙写的呢？是驴是马，拉出来溜溜。孩子们在白纸上奋笔疾书，一个个分外认真，只听得笔尖碰到纸头的摩擦的声音。一节课的时间，时间一到当即收考卷，瞧瞧孩子们的真实写作水平。

深夜，台灯下，我一篇一篇细细地琢磨和研究。哇！想不到小冯同学进步这么大哦！要知道，这可是一直以来的作文困难户哦！在作文纸上写满一页，犹如李白笔下的蜀道之难，难于上青天。上学期期末作文，他被扣了整整六分之多。这个暑假我给他妈妈布置了一个任务，每过三天，让小冯写一篇文章，发到我的微信上。一个暑假的汗水到底没有白流，这不，他写庐山的文章活泼有趣。我赶紧给他评了一个铜奖。我给他妈妈在微信中留言：小冯妈妈，小冯暑假没有白练，今天的习作比赛很棒哦！没有多久，孩子用语音回复：谢谢许老师的鼓励，我一定会继续努力的！

我把全班56篇习作，按照习作水平，分为钻石奖、金奖、银奖、铜奖和优秀奖。笑笑的《枸杞岛游》实在太清新活泼了，书写又美，思路很畅，我给她评了一个钻石奖。睿睿的文章，也很美，用词特别丰富，可是卷面太不整洁了，本来也可以拿个钻石奖。

我用笔把一个个孩子的名字写在小小的表扬信中，并标注好是什么奖，以此来区分孩子们的习作能力。整整一节课的书写，颈椎不好的我，感到微微疼痛，但想到孩子们拿到表扬信后的开心，觉得也值。

每次的授奖仪式，我总是搞得很隆重，制作好PPT，选择好背景音乐，再逐一报名，让孩子们上台领奖。并且在学校的楼梯口、走廊或教室里，让孩子们拿着表扬信合影，或蹲或站，孩子们总是得意地举着表扬信，一脸灿烂地拍照。

我运用美图秀秀的编辑功能，在合影上编辑合适的文字，美化好，发到班级微信群中，与家长朋友共赏。

有了这些照片，家长朋友既可以给孩子的童年留痕，又可以寻找到自己孩子的不足以及与同学的差距，督促其默默努力，迎头追赶。

张瑞妈妈微信问我，是不是张瑞这篇文章写得很差呢？我一愣：张瑞的文章我印象深刻，内容不错，但字迹有点糟糕，应该是铜奖。我反复在照片中找，没有找到，是我遗忘了。我向张瑞妈妈回复：习作写得还可以，就是字差点，是铜奖，应该是我忘记发奖给他了。她妈妈说：看到班级里大部分孩子拿到了表扬信，还在担心孩子的习作是不是乱写的，这样，我就放心多了。

小小表扬信，承载了孩子们的梦想、欢乐以及启航。

18 展示赞赏，助力习作

习作是语文学习路上的拦路虎，常有孩子面对写作，抓耳挠腮，不知所云，无从下笔，甚至有孩子半小时只写出十个字。兴趣是最好的老师，如何来激发孩子们的习作兴趣呢？

某个暑假，我布置了三篇习作，一篇读后感＋两篇生活作文，并告诉孩子们，三篇习作上交电子稿。

暑假中，我在微信群中这样留言：

2+1 的暑假习作（2 篇生活作文 +1 篇读后感），所有孩子写好后请录入 word 文档，1.5 倍行距，正文为小四宋体，题目为三号黑体，第二行内容为：桐乡市实验小学教育集团北港小学 303 班学生名字（楷体，小四号）。

请用附件的方式发：377496337@qq.com（从即日起到 8 月 30 日晚上 6 点，逾期不收）。

我的 QQ 邮箱陆续收到家长朋友发来的电子稿。难道收了电子稿只是在我电脑中保存，留待以后再用吗？怎么来搭建孩子习作发表的平台呢？

第一章 暖暖的师生互动：我们有爱的班级日常生活

我联想到了我的微信公众号"许丹红的真情德育",在公众号上不是可以发表孩子们的习作吗?对了,还可以开通赞赏功能(现已更新为"喜欢作者"),若能把赏金当作稿费奖给孩子们,那不是更能唤醒孩子们的写作激情吗?

我打开我的微信公众号,按照公众号赞赏功能的要求,绑定了银行卡以及微信号,开通了赞赏功能,想着孩子们拿到稿费的那一瞬间,肯定心里美滋滋的。

说干就干,雷厉风行,我马上打开电脑,点开邮箱,开始下载家长朋友发过来的电子稿。下载,建文件夹,分类……才收了二十来篇,一个多小时一晃而过。

我挑选了贾斐斐的两篇习作,作了一些小小的修改,并从手机里找出了她的两张美照,打开我的微信公众号,进入素材管理,编辑文章。标题为"鸿鹄班2019新四暑假优秀习作选(一)",作者我输入的是"贾斐斐",发现赞赏功能怎么也显示不出来,反复折腾,还是不行,那就暂时只能点赞不要赞赏了吧!我把斐斐写得生动的句子,用彩色背景醒目标注,在文章末尾写上简短点评。

时光如水一般流逝,一篇公众号文章编辑好,近一个小时过去了。我把公众号文章转发到班级群,家长朋友纷纷点赞。

第二天,我又开始编辑公众号,研究摸索,最后发现,作者栏必须写"许丹红"三个字才能开通赞赏功能。

朱天乐的《朱少侠游新疆》写得生动活泼、构思巧妙,我向他妈妈要来了照片,排版、编辑、文章发送,花费近一个小时。我赶紧先进行了赞赏,然后发给他的爸爸妈妈,并转发到班级微信群,告诉家长朋友,若有赏金将全额作为稿费奖励给孩子。

第三天,我选择了可爱机灵的张舒元。他写的《印象桂林》信手拈来,想象力丰富,文字有感染力,引人入胜。我给他的文章分了小节,开始编辑,标注优美词句,点评。再转发给他的爸爸妈妈,并发到班级群中共赏。

第四天，我选择了佳一，先对他的文章进行了精心修改。改孩子的文章，真心不是一件容易的事情，要顺着孩子的思路做一些调整，又要贴近孩子的语言，有的时候要反复斟酌。从孩子妈妈那儿要来了照片，编辑发送，转发到爸爸妈妈的微信和班级群，并叮嘱妈妈前后两篇文章让孩子对照阅读，这样才能有所收获！

第五天选谁的文章呢？我决定选鸿鹄班的习作困难户——小F同学的。从一年级写绘开始，他就远远落在了别人后面。进入三年级，别的同学已经写满两页、三页了，他挤牙膏一般挤了个四五行，还是一个字一个字地逼出来的，他写作文，就如茶壶里煮饺子——肚子里有货倒不出。

今年暑假，我与小F妈妈说，让孩子坚持三四天写一篇文章，并发给我看。大半个暑假他坚持了下来。妈妈也早早发来了三篇习作的电子稿。我决定第五天就发他的习作，以作奖励。我先做了粗略修改，向妈妈要来了照片，编辑，标注好词好句，然后发送到爸爸妈妈的微信、班级微信群。

孩子的亲友团特别给力，点赞力强大，我发现只一两天时间，赏金已近400元。哇！平素缺少鼓励的孩子，亲友团看到他的文章，点赏力度可真大呀！

第六天。

第七天。

……

说说容易，做起来难，坚持不是一件容易的事情。做一天两天，也许觉得蛮有趣，但真的要天天坚持，若没有一点意志，难以成行。暑假，外出讲课或办事的时间多，有的时候，回到家天已乌黑。既然已定，再晚也要坚持做。这个时候，拖着疲惫身躯，打开电脑，真有一种风萧萧兮易水寒的悲壮感觉了。修改文章，找照片，编辑，发送……一番折腾，没有个把小时，拿不下来。某天，我在我的朋友圈中转发孩子们的文章时，附言道：这个暑假给自己挖了一个很大的坑。有微友这么留言：对孩子来说，这绝对是一个幸福的坑！

全班56个孩子，每人3篇，文章着实多，我先把所有读后感整理在一个文件夹中，又把已经在公众号上发表的文章归纳到一个文件夹中，每天进行一次梳理，不然，真的要乱糟糟，搞不清楚了。

若每天展示一个孩子的习作，到国庆节我还完不成这件事。那就两三位同学一起出合集吧。每人要有照片，要有点评，要突出好词好句。

整整26天，终于把孩子们的暑假优秀习作在微信公众平台号上发表了，热心的家长朋友点了赞，我也给每一个孩子赏了5元。尽管数目不是很大，也表达了我对孩子们习作的欣赏和鼓励。

我分两批发放稿费。先把公众号后台的赏金数额拍了下来，发给家长朋友，并给家长朋友发送等额红包，叮嘱他在家用现金加红包的方式发放给孩子，发放稿费时拍照留念，并发"桐乡教育"。这也为了给孩子营造一种隆重的仪式感吧！

一个一个发截图，留言，这又是一个大工程。发一次稿费，没有两小时拿不下来。

家长朋友在"桐乡教育"上这样留言：

孩子拿到了人生中的第一次稿费，开心得飞了起来；

拿到了人生中的第一次稿费，笑得眼睛成了一条缝；

拿到了人生中的第一笔稿费，非常激动，好开心啊，感恩许老师的指导和辛勤付出，感谢家长朋友们的鼓励；

拿到稿费，难以掩饰地激动；

……

看到一张张灿烂如花的笑脸，我由衷为孩子们高兴。文学的种子，犹如春雨点点入土，是否已不经意地播种在孩子们的心田了呢？

我再次一个个清点，生怕有孩子的文章遗漏了没有发出。结果，还真发现把张涵同学给漏了。我连忙找她的文章，向妈妈要照片，修改文章，编辑，发到班级群。

我在班级群中留言："截止到今天，56位同学的暑假优秀习作全部推送完毕，55位同学的稿费都已发放。谢谢家长朋友的支持！谢谢热心的家长朋友们！"

唐翌展妈妈说："许老师辛苦了，每天花大量的时间给孩子们修改，制作公众号文章，鸿鹄班的孩子们有这样的班主任太幸运了！"

王朱靓妈妈说："遇到许老师，孩子们真的很幸运！"

金诗媛爸爸说："感谢许老师的辛勤付出，孩子有这么一位好老师，感到非常的荣幸！谢谢老师为孩子们付出的关心和爱心！"

陈张瑞妈妈说："感恩遇见许老师，许老师对孩子的关心和教育让我很感动，我们会继续努力的！"

张舒元妈妈说："感谢许老师，许老师的教育理念、教育方法、教育实践，让我们的孩子幸福成长！"

邵心近妈妈说："感谢许老师，遇见许老师是孩子和我们家长最大的荣幸！一起努力！"

……

看到家长朋友的留言，我想我所做的"习作发微信公众号，赞金当稿费"，虽然烦琐，但蛮有意义。

教育，就如点灯，一点一点照亮孩子前进的方向。

19 回忆过去,以班为荣

从一年级的小豆包到如今四年级的追风少年郎,学生个子蹿高了,面庞日渐成熟了,思想日益成熟了。让我们共同追忆美好的时光!

回顾过去三年的点点滴滴,我们在记忆中珍藏美好的时光。打开记忆门窗,孩子们思绪如泉涌——

小朱说,我们从一年级运动会的 17 分,到二年级的 97 分,再到三年级的 136 分,一路前进,写满了我们的努力。

是呀,我们不怕失败,每一次失败,都是在为下一次的成功做铺垫。蛰伏,是为了更美的蜕变。

一年级的那场运动会,我们印象太深刻了,学生骑着运动花车,穿着可爱小动物服装,浩浩荡荡的入队仪式让我们登上了《今日桐乡》的头版头条。当年的运动会,近 20 个孩子生病,运动上的先天不足,让我们成绩何等不堪。金老师笑着说,从来没有见过运动会得分这么少的班级,不偏不倚,我们遇见了。鸿鹄班的字典里从来没有"服输"这两个字,知耻而后勇。我在鸿鹄班QQ群中建立了一个"知耻而后勇"相册,把整个年级所有项目的获奖成绩发在了相册中,让孩子训练时，以此为鉴。

　　大鸿鹄带着小鸿鹄默默努力，有的孩子每天早上去公园默默跑步，有的孩子坚持每天在跑步机上或室外练习跑步，有的孩子在家长的带领下每晚坚持扔沙包……所有的默默努力都是付出和耕耘，终将迎来收获。二年级运动会上，我们第一次进入了年级第三，这是拼出来的第三。当这样的喜讯传来，家长朋友在微信群沸腾了：太棒了！

　　小航说，我们一年级去乌镇太师山庄进行 CS 实战演练。

　　他们穿着迷彩服、戴着迷彩帽，似乎还是昨天的事儿，三年一晃而过。

　　小容说，一年级的元旦，我们穿着漂亮的汉服在桐乡道德堂进行经典诵读的迎新演出。

　　小元说，陈铭佳妈妈带着我们去参观浙江传媒大学。

　　小睿说，我们二年级时，去嘉兴参观乐高基地。

　　……

　　一桩桩，一件件，丰富多彩的班级活动，写满了我们的童真和快乐。

　　随着孩子们的回忆，我把 QQ 群中的相片一张一张放给孩子们看。QQ 相册，真是一个宝库，珍藏了我们的美好回忆。有了它的记录，我们随时可以采撷过去的点点滴滴。我们一边赞叹，一边欣赏，不时发出哇哇哇的惊叹声。

　　三年来，有什么开心有趣的事情呢？这下，可算彻底打开了孩子们的回忆潮水。

　　"有一次上体育课，小宸看见操场上有一只小狗，于是，他就趴在地上去逗小狗……"天乐咧开嘴，几次笑得说不下去。同学们随声附和，回忆着，欢笑着。

　　有一次，老师不在，小冯同学去交作业，浑身上下抖动，跳着鸡舞，我们哄堂大笑。

　　记得有一回，我们在踢足球，高年级的几位哥哥说小屁孩让开，踢伤了我们，大不了赔点儿钱。可爱的小冯一听，就一骨碌趴在地上说：我死了！我死了！你们快赔钱！高年级的哥哥们吓得一溜烟跑了，只留下我们在一起哈哈大笑！

……

教室里弥漫着欢乐的气氛。真没想到，最调皮的小冯以及小宸，恍然之间，成了同学们口中、眼中可爱的开心果哦！校园生活因为有了他们而变得更加多姿多彩。

哇！真是一个欢乐的相亲相爱的鸿鹄班。孩子们，来为我们自己的班级找找优点吧。

四人小组讨论后，孩子们一个个举手，细数我们鸿鹄班的班级亮点。

我们班级的学习成绩好！语文和英语都是年级第一名。奥数班的人数也是最多的。

我们班级的学风好，大家学习都很努力！

我们教室非常干净、美丽。我上回去其他班级上课，他们的教室太乱了。

我们班的纪律好，老师们都爱到我们班级上课。

我们班的同学很有礼貌，大李老师经常夸我们。

我们班的同学，不仅仅读书好，还有很多才艺。

教我们的老师很负责，水平高。

我们班的家长朋友素质高。

……

孩子们一个一个站起来寻找着我们鸿鹄班的亮点，每说一个，我就把它记录在黑板上，让孩子们轻轻地吟诵一遍。一张张小脸如花儿一般灿烂。

孩子们，今天，我们以班为荣，明天班级将以你为荣！作为班级一分子，如何来为班级增光添彩呢？

有的孩子说，我将更加努力学习！

有的孩子说，我将更加遵守纪律！

有的孩子说，我将要做到老师在与不在一个样！

……

回顾过去,是为了更好地展望未来。这样的细数,这样的回忆,这样的点赞,培养了孩子们的班级荣誉感,激发了他们的班级主人翁精神!

我爱我班,我以班为荣!

20 班干竞选，积极上进

金桂飘香，点点黄色散发出幽幽清香，又到了班干部竞选时间。每年的这个时刻，竞选白热化场面都在鸿鹄班上演绎。

我提早两天在班级微信群扔了一枚"重型炸弹"——向全体家长公布今年的竞选职位。按学校要求，我依据鸿鹄班的具体情况，增加了班主任助理和电教、绿植委员各一位，总共18个中队岗位。看着人数多，但对于精兵强将云集的鸿鹄班来说，远远满足不了那一颗颗要求上进的心。

孩子们热情高涨，每年的这一时刻，正可以检测孩子们在班级的存在感。

首先竞选班主任助理一职。这是鸿鹄班的特色和亮点，见班主任助理即见许老师。这个职位热门人选是唐翌展，他去年大队委竞选失利，我为他在班级安排了一个职位，管理面比班长略大，仅次于班主任。

小唐主动弃权，朱笈弟、张舒元、朱容川上来了。前几天，在竞选大队委候选人时，朱笈弟胜出。原本按照我的意思，他不再角逐中队委竞选。能选上大队委更好，选不上就是副班长，但他有意竞选班主任助理，那就参与竞选吧！一只只小手举了起来，朱笈弟41票，张舒元40票。不知道朱笈弟大队委员竞选如何，那就两位都当选吧！同学们为他们热烈鼓掌。

竞选班长了，唐翌展和邵心近、朱容川站在了前面，接受全班同学的选举。小唐、小邵是幼儿园同学，品学兼优，稳重大方。小唐是二、三年级的老班长，在同学心目中威信高，深受老师们喜欢。小邵慢慢从内敛走向活跃，借着校国旗下讲话等训练机会，胆子越来越大。上学期期末考了三个100分，名列全班第一，更自信了。出乎意料，小邵以四票胜了小唐，担任了鸿鹄班班长一职。

副班长竞选时，讲台边一溜儿站了一排，十多位，副班长这个职位，虎视眈眈的孩子特别多。最终两位老班长——唐翌展和陈铭佳胜出。

旗手竞选时刻到了，朱容川再一次站到了上面，和贾斐斐一起PK。举手的孩子都站在斐斐这一边，票数明显多。容川站在讲台前，叽叽呱呱不知道在说什么。小家伙抗压能力不错，有勇气站到前面竞选，单凭这一点值得喝彩。

护旗手，这个职位不是很热门，朱天乐、朱容川和丹宁上来了。丹宁平时圈子太小，只和两三位同学玩玩。天乐和容川成功当选，两人高兴得眼睛眯成了一条缝。清晰地记得去年这两个孩子站在讲台前一次又一次，直到最后几个岗位才成功当选。今年他们也做好了失败的准备。

天乐这一年改变挺大，去年我告诉他爸爸，他一次次落选，最主要的原因就是发言不积极，导致他在同学心目中存在感低。这一年，他不断克服自己内敛的本色，挑战自我，敢于亮剑，发言积极了。容川也一样，克服自己说粗话的不足，管住了自己的嘴。这就是竞选PK的魅力。

学习委员竞选时，相对不那么热门，学业优异的孩子才有勇气站在前面，朱钱昕玥上来了，李宇玲睿上来了。睿睿在鸿鹄班中，绝对属于思维敏捷的孩子之一。每回上课，只要老师提一个有深度的问题，她的手总是高高举起，给出的答案往往是老师所期待的！三年级时成功考入校奥数班。去年竞选中队委时，她却以失败屡屡告终，可能是同学相处中太强势的缘故。这一年,她犹如蝴蝶一般蜕变着。前天选拔校文学社成员,当她在微信中听我说希望不是很大时,在家哭了一个小时。这次投票,她只比朱钱昕玥少了一票,我想到了一句话:是金子总会闪光,当你优秀时,没有人可以遮挡住你的光芒。再开一次双黄蛋吧!学习上多一位委员,不是多一位帮助同学的小助手吗?当我宣布这一条消息时,睿睿的脸笑成了一朵花。这对于整个家庭来说,是一件多么欢欣的事情。

组织委员竞选时,高熙雯成功当选,她很激动、兴奋。去年竞选,她失败了多次,在班级存在感不高,在最后时刻才赢取了一个岗位。她妈妈与我一起分析问题出在哪儿:圈子小,平素除了几位好友,不与其他同学玩;对待同学相对强势,不够谦和;上课总不举起手,内敛低调。这一年,她真的改变了许多,对待同学,温暖温和,每天给老师送水果,教同学耐心细致,犹如春风一般温暖。她的蜕变,同学看在眼里了吧!事后,听她妈妈说,竞选上的这天,她太激动了!给爸爸打电话,给妈妈打电话,给远在千里之外的外婆打电话,晚饭时,一直还数说竞选的事儿。

竞选卫生委员时,没想到,出现了一幕我当班主任以来从没遇见的事情:没有一个人上来参与竞选,同学们都静静坐在那儿!难道大家对这个职位如此不感冒吗?我正色道:好了!这个岗位大家这么不喜欢,就空缺,让我们所有竞选上的班委来担任。

文娱委员的竞选,陈誉和沈笑妍票数并列。我对陈誉说,给你五分钟时间考虑,让你当卫生委员,你当不当?若不想当,那就与沈笑妍终极PK。

体育委员被我班的双料冠军李赞以48票当选。

我问陈誉,你考虑得如何?他告诉我:我当!

安全委员缪漪静当选。

一节课眨眼而过,下课铃声响起,剩下心理、生活、电教、绿植委员暂时空缺,下周一继续竞选。

我在班级微信群中这么留言：

今天竞选班干部还剩下心理、生活、电教、绿植委员各一，请有意参与竞选的孩子做好准备。

今年卫生委员没有同学参与竞选，这在我以往带班时从来没有遇到过。我反思，这肯定是因为我三年来带班有不足之处，没有引导孩子们、家长们树立劳动最光荣的理念。当班干部本身就是为班级为同学服务，劳动教育能促进孩心智的发展。四年级开始，我们班将加强在家在校的劳动实践教育！等有一天，竞争劳动（卫生）委员的人数远超副班长及其他岗位数时，我们的教育（学校教育、家庭教育）才可以说是成功了。

下周一进行竞选，只剩下四个岗位了，想上来竞选的孩子要把握住最后几个机会了。

心理委员，新来的小郭同学成功竞选。小郭同学考上了校奥数班，给全班同学留下了很好的第一印象。

心理委员魏辰竞选成功。

电教委员黄佑宸竞选成功。

只剩下绿植委员了，一大批孩子冲了上来，最终张洪翊和章佳一成功当选。

热闹的中队委竞选落幕了。

小队长的竞选，我直接提议16位候选人，举手表决，最终沈佳烨、魏王珺、夏雨萱、王朱靓、金诗媛、马路偌、高辰、黄睿涵成功当选。

我又挑选了七位同学当我们班的雏鹰假日小队队长，这几个孩子在班上相对处于劣势，平素做班队干部概率较小，让他们的爸爸或妈妈当当义工，让孩子在班级做做事情，别上他们梦寐以求的一条杠，充分调动他们积极性。家长朋友欣然应允。

剩余的孩子，我分别落实了各科课代表的职位，以及图书管理员、书报员、装水员等职位。每一个孩子在我班上都独一无二，具有举足轻重的地位。

以下是我给家长的留言：

关于班干部竞选的一点点想法

1. 可能是孩子的学习成绩暂时还不够优秀，作业做得还不够快，导致同学觉得他的影响力还不行。

2. 可能是孩子的交往圈太窄，平时除了与两三位好朋友交往外，几乎不与其他孩子交往。我们有几位各方面表现很不错的孩子，比如吴天欣、詹轶、孙一立等，基本属于这种状况。

3. 发言不够积极，课堂亮相机会不多，处于默默无闻状态，在同学心目中的影响力不够。我班的沈欣怡、徐雨彤、钱灏等同学，基本属于这种状况。

4. 写的字不够好看，做的作业不够整洁，平时被老师点名太多，负迁移多，降低了孩子在班级中的存在感。

5. 可能是在人际交往的能力上暂时不足，比如不懂得谦让，同理心较弱，不太会对同学说鼓励安慰的话等，以及喜欢挑不中听的话语讲……通俗讲，情商还需不断修炼。

6. 真金不怕火炼。等孩子足够优秀或足够进步时，他一定会让其他同学看见的。没竞选上，并不代表孩子不优秀，但一定有他某个方面的不足；竞选上了，不代表这个孩子有多优秀，但一定有他某些方面的长处。

7. 在鸿鹄班，每一个孩子都有自己的管理服务岗位，以及监督人员，无论是不是班干部，都有锻炼的机会，请每一个孩子各司其职，各尽所能，做班级的主人。

8. 选或没选上，请家长朋友一如既往地鼓励孩子，支持孩子，做更好的自己，遇见最美的童年！

第二章　暖暖的真情育人：
　　　　特别的孩子特别的关爱

CHAPTER 2

　　播撒点滴真情，凝聚成一条温馨的童年爱心小溪，这里有老师对学生浓浓的关爱，有老师智慧火花的闪烁，有学生对师爱的暖暖回应。师生携手，共同前进。童年，因你而温暖！

1

明确价值，静待花开

——小F转化记

真的不知道该如何描述小F这个孩子曾经带给我的挫败感，甚至用"工（工作）无可恋"描述我内心的感觉也不为过。我发自内心地喜欢教书育人这份工作，然而，一次次的"事故"令人黯然神伤，沮丧失望。

且不说一年级时乐天俱乐部足球班上小F连连爬树，且不说乐天俱乐部带队老师每天必须拉着小F的手送路队，且不说小F每天吵得满头大汗，且不说小F的字歪歪扭扭，且不说小F时时在老师不在的时段里学鸡叫、跳鸡舞，且不说小F从九级台阶上往下跳……这真的是一位与众不同，状况不断，常常做各种奇怪的动作吸引同学注意的孩子。

这是一位被边缘化的孩子，他找不到真正的朋友，内心孤独、茫然。越找不到朋友，他越要做一些莫名其妙的举动，以引起同学的关注。同学看不起他，嘲笑他，他却从同学的笑声中找到了他的存在感。

纵观他的家庭，爷爷奶奶太强势，在家中地位很高，又好面子，心中知道孙子与其他孩子在行为规范上的差距，但就是不愿意承认，对孙子太溺爱，各方面介入太多。爸爸从小顺从父母，是个听话的乖孩子。

妈妈真的很用心在管，但爷爷奶奶介入过多、地位又高，没法放手管。孩子从小严重过敏，全家人以管孩子的身体为主，无法在行为规范上对孩子有过多矫正。小F总是口口声声说他生来就是这么不乖的，内心从没想着要去改变，也无法去唤醒他的心灵。

一年级两个学期，每到期末申报"风雅特长少年"时，他总说不知道该申报什么。他是喜欢运动的，但体育课上很调皮，无法掌控，体育老师说，这样子，怎么评？美术之星吧，他经常不带材料，不好好画，嘴巴里还时常说些不干不净的话，令老师无语……唉！囧事太多太多，三天三夜也说不完，一把班主任带班的辛酸史啊！真所谓好孩子都是相同的，遵守纪律，学习努力，"非常"孩子却各有各的"不寻常"。他无比坚毅地考验为师的心。

我曾带着他去吃牛排，以示鼓励。也让他当过组长，但往往一周不到，就会因不负责任而被撤掉。软的，硬的，各种招数都试过了，孩子虽常有一些"事故"，但发展总体上呈螺旋式上升，进步是有的，其他老师也常夸他与以前不一样了，但无法从根源上解决孩子的问题，隔段时间，会爆炸一颗"原子弹"。

这个学期的第一次拓展课程，小F大闹书法室。其实，真的不是他有意大闹，只是他的动手能力实在是差，拿着毛笔甩呀甩的，把墨汁甩得满书法室都是，惊动了学校领导。数学第一单元考试考了64分，导致他的家庭"战火纷飞"，妈妈与强势的爷爷"干"了一架。

同学告诉我说，小F从九级台阶上凌空一跳……当我了解到他从九级台阶上跳下，并到现场查勘之后，惊得我一愣一愣的，内心暗想：这小家伙是人还是神啊？咋从这么高的地方跳下来却安然无事呢？

我赶紧找他谈话，找来同学与他对质。他又一次把责任推到了别人头上，说某某某让他这么做。"同学让你这么做，你就做吗？你的小脑袋长在那里是干什么用的呢？"

我赶紧联系小F的爸爸妈妈，告诉他们安全是头等大事，一定要好好引导孩子，以后绝对不能再做如此危险之事。爸爸妈妈也听得一愣一愣的，说以后在安全教育上一定重视。

　　跳是不跳了，但小 F 沉浸在跳九级台阶之后同学投来的钦佩目光中。何老师告诉我，有天他听小 F 在对同学吹嘘他跳台阶的能力。看来，这是他找到存在感的一个点。

　　某天，同学中盛传他脱裤子给小 Y 看。我彻底惊呆了，都三年级的孩子了，怎么会这样不懂事呢？我把他叫到会议室细细聊天，他告诉我说知道脱裤子不对，但他很享受同学的欢笑。他的回答令我太意外了，孩子太需要在班级里的存在感，种种"怪异行为"背后，就是他想要找的存在感。

　　怎么给他存在感，让他在这个集体中有一定的地位和认可呢？从哪入手呢？我细细地寻找孩子的优点，小 F 体育能力真的不错，体育老师王老师经常在我面前夸他。同学也都说他体育能力强。

　　怎么帮助他呢？我陷入了沉思……

　　先给他点地位吧！封个小"官"，满足他的上进之心！

　　第二天，我在班上郑重宣布：小 F 每天劳动非常积极，被封为班主任助手。同学们一片惊叹声和鼓掌声。此后，他常常帮我发本子，做事情分外积极。怪异的行为少了许多。

　　某天，我点赞了我班令我最头疼的两特别孩子——小 F、小 Y，表扬他们积极为班级搞卫生，具有班级主人翁精神，做作业不再需要同学老师监督了。

　　没想到，周一国旗下讲话的时候，他俩被学校给双双点赞了。两位男生，一胖一瘦，站在主席台上，接受着少先队大队辅导员吴老师的点赞，并亲自为他们戴上点赞章。这一点也是我万万没有想到的。我站在主席台下，给他们拍照，发到了班级群中，表扬两个孩子的进步得到了全校师生的点赞。两个孩子的爸爸妈妈看到了，也为孩子们感到欣慰！在班级中，我夸大其事地说，小 F 和小 Y 受到了全校 1800 多师生的肯定，我们班从没一人享受到如此高的待遇，多光荣呀！两小家伙开心得合不拢嘴。

运动不是他的强项吗？若在运动会上拿奖，那不就找到他的存在感了吗？我决定在运动会上好好做做文章，争取他能获奖。我告诉孩子，你若在运动会上拿到奖，说明你平时的吵还是能吵出点名堂来的，同学、老师都会为你点赞。他点点头，告诉我一定会努力。

在我的提议下，小F报名了最艰苦的200米和400米，也每天在家坚持训练。比赛当天，小F爸爸也来给孩子助阵了。第一天下午，小F 200米进了决赛，拿了第四名。在我看来，这已是很好的成绩了，但小F很不满意，据他妈妈说，当天他在家里痛哭，说对自己的成绩不满意，没有拿奖牌，要在第二天400米比赛中加油。第二天400米决赛赛场，小F拼尽全力，拿了第六名。他一下子为班级拿了珍贵的八分。

在运动会上他又一次找到了存在感，在班级中荣获"优秀运动员"称号。运动会庆功宴上，他站在讲台前慷慨陈词：同学们知道我很调皮，相信我能拿奖，我每天在家练习……同学们给他的发言以热烈掌声。

为老师做事，在运动会上拿奖——这两件事帮助小F找到了在班级中的地位，让他看到了自己的存在价值，他再也不需要通过"怪模怪样"来刷存在感。小F朝着明亮那方开始前进。看着孩子一天天健康成长，我由衷欣慰。

静等花开的声音，拔节的声音，这是教育最幸福的声音。

教育，迷恋人的成长。

2 自强女孩,用爱浇灌

初接班时,小 H 吓我一跳:心智不成熟,上课总玩铅笔橡皮,听课处于神游状态,卫生状况特别差,抽屉里堆满垃圾、餐巾纸,说话很幼稚,写出来的字歪歪扭扭,考试成绩常在八十几分徘徊……有与她差不多成绩的女孩,但自理能力、成熟度明显比她好。

一开始,我还以为她的爸爸妈妈文化水平低,类似我在中山小学教书时遇见的小艺的状况。后来与她妈妈、奶奶联系多了才得知,爸爸妈妈全都是堂堂大学生,妈妈在公司做得风生水起,备受领导器重。

好在全家人特别配合我的工作,也意识到了孩子的问题,尽管妈妈不久之后生了二胎,但没过多久就又在管孩子的作业了。

慢慢地,我觉得孩子认字、写作业、背诵不再像之前那般艰难了,背古诗、《弟子规》能跟上大部队了,甚至还能早早背出,但成绩依然很少能考到 90 分。

爸爸妈妈特别坚韧,每一个寒暑假,陪伴孩子一起努力,画画、口算、练字,从不放弃。二年级上学期,她的数学慢慢能考到 90 多分,不知不觉,抽屉不再像原来那般脏乱不堪。

自我管理能力上去了，孩子会自己整理书包和抽屉了。慢慢地，在爸爸妈妈的努力下，孩子成绩虽忽上忽下，不够稳定，但的确不怎么需要老师操心了，懂事了许多。

她没有多少朋友，只有一位与她成绩差不多、话不怎么多的小S，两人形影不离，常在厕所那边玩耍。一立与小S是好朋友，有时候，她与一立争夺小S，两人有点水火不相容。二年级期末，由于表现出众，小H身披红绶带，成了鸿鹄班十佳进步学生。一立对她刮目相看，三个人也成为了要好的朋友。

进入三年级，小H各方面发展得更好了。但开学没多久，一节体育课上，她爬竿时因手滑摔了下来，导致右手臂内侧骨折。她忍住剧痛，让小S不要告诉老师。美术课上，她的同桌魏辰想报告老师，她胆子小，怕老师批评，不让报告。放学时奶奶来接她，发现她手臂异常肿大，询问得知摔了下来，忙打电话给爸爸妈妈，去医院检查，发现手臂骨折了。当时，我打电话问家长保险费交了没，妈妈才与我说起这一件事。

从拍的片子可以看出尺骨断了且有错位，医生说要开刀，打钢钉进去，长好了再开刀取出。真没想到，居然这么严重。

第二天晚上，当我得知孩子从上海的医院回来后，马上和小王老师去她家家访，看望孩子。他们全家特别通情达理。孩子聊到了在学校里经常被小宇欺负，还叫到没人的地方打她。居然有这种事情，不家访不知道，一家访能知道很多事情。

孩子请假了，在家背古诗，妈妈把背诵视频发给了我。

去上海做手术，把钢钉打进去，特别痛，她微笑着进了手术室。

担心在学校同学之间撞来撞去，孩子只能在家休息。

一个月后她回到学校上课，学会了用左手写字，尽管歪歪扭扭，但真心不容易。她这么长时间没来读书，第三单元语文考试居然考到了90分以上，真心不容易。

每天看到她右手用臂拖托着，左手快速写着字，觉得这是一位自强的孩子。这么有毅力、有恒心的孩子，即使资质一般，又有什么关系？

恒心与毅力能帮助我们到达成功的彼岸。

小宇一开始答应我，说愿意与她做朋友，后因性格完全不在同一个频道，终做不成朋友。调换座位，小H与小宇靠得比较近。某天，她与小宇大打出手。小宇脸上有一条红红的印痕。原来，小宇以为小H要去偷看小瑶的作业，故意用笔戳她那刚取出钉子的右手臂，小H急了，赶紧还手。她说，她以前可从来不敢还手的，今天被逼急了。我当着小宇的面，告诉小H：你还得好！下回再欺负你，你用你的跆拳道功夫去对付她。我向来讨厌欺强凌弱的孩子，身为同学，怎么可以这样呢？

我问小宇为什么要欺负小H，原来一年级时小H在地上捡到了小宇的笔，被小宇发现后小H不承认。小宇一看到她，就莫名火大，想揍她，导致了一系列校园微暴力事件。

对于这件事，我与小宇妈妈进行了沟通，也提醒家长不要给孩子贴标签。孩子都是好孩子，只是没有处理好事情，没消化好自己的情绪而已。

小H嘛，却是超级高兴，觉得班主任为她说了话，在语言上支持了她，为她撑了腰，有底气了。哈哈，真有趣！

她在拓展课上，为同学们上了一节垃圾分类课，一开始不是很自信，后来我提醒她大声点，她越讲越自信了。

一班胡老师也邀请她去上课。当我把孩子上课的照片发给妈妈，并告诉妈妈课上得很棒时，妈妈的话语满溢对老师的感谢之情。

花有迟开和早开，但每一朵花都有值得我们浇灌的理由。

祝这位可爱的孩子越来越棒！

3 砥砺心灵，送书铺道

刚吃好中饭，我从食堂上来，班长急匆匆撸起手臂给我看，他的右手臂上有一条很明显的划痕。"嗯？这是怎么了？"我问道。

他说，这是被小Y划的。怎么回事呢？

第三节音乐课，老师有事，我正好要外出，于是，我安排孩子们在音乐课上进行自习，看书或写作业都可以。几位小干部在教室里维护班级纪律。

小Y不认真做数学作业，一会儿嘴巴上喊着做不来，一会儿托着下巴在那做鬼脸。小干部们教了他，他还是说不会做。班长正想让他去讲台边做作业，他以为班长要拉他，就用水笔戳了过去，一条长长划痕出现在班长手臂上。

我安慰了班长几句，去教室了解情况，不了解不知道，一了解吓一跳。原来这段时间小Y整天两只手拿着笔，这边戳戳，那边戳戳，到处想戳人的样子，处于一级防御状态。

为什么呢？

班宝型的他，最大的问题是不会听课，不能集中注意力，上课要么在剥指甲，要么在玩铅笔橡皮。对从小在家受娇宠的他来说，集中注意力似乎是一件很难的事情。英语老师告诉我说，小 Y 的英语成绩全是他家长教出来的，上英语课从来不知道专注听讲。他因不遵守纪律，受小干部批评也较多。我把他找来，细细问询为什么要戳别人，他递给我一张检讨书。

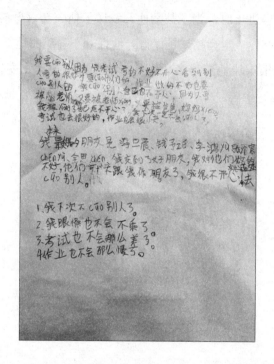

看着他所写的，我真有点啼笑皆非。考试考得不好，心里不开心，看到别人考得好，便要戳他们。作业做得不好，也要戳别人。戳了别人，心里并不开心，又要被小老师凶，被老师凶，被家长凶……边缘孩子的心理，真是痛苦呀！

怎么办呢？

他自己保证道：下次不戳别人了，眼操不会不乖了，考试不会那么差了，作业不也不会那么慢了。

写归写，能有用吗？值得怀疑。

为了解决孩子的人际交往问题以及作业速度慢的问题，我给他配备了一个师父——作业速度很快的小宸，既当他师父，也当他朋友，督促他，提醒他。我也封了他假日小队长，别上了光荣的一条杠。他常常抿着嘴巴乐呵呵地在笑。

除了假日小队活动的安排，我还让他收本子，让他在班级中找到存在感。平时经常与他聊天谈话，嘘寒问暖。

当孩子有了进步时，为了鼓励他，我送了他一套《男孩百科》，告诉他，看了这套书你一定会越来越优秀。他抿着小嘴甜甜地笑着。

短时间内很难让他变得多么优秀，但至少他在班上变得不再那么状况百出了。

4 皮蛋大侠，蜕变成长

阳光健康，学有所长，是我们北港小学的育人目标。

学有所长是指，每一个孩子都有自己喜爱及擅长的才艺。鸿鹄班有钢琴公主沈笑妍，有功夫小子孙一立，有国画小达人王诚斌……每一个孩子在学习才艺的道路上，都付出着自己辛勤的汗水，成才之路由点点滴滴的汗珠铸就。

冰心说，成功的花，人们只惊羡于现时的美丽，而不知道当初它的芽儿浸透着牺牲的细雨，奋斗的泪泉。功夫小子一立的成长之路真心不容易。

刚入学时，他是一位名副其实的皮蛋大侠（他爸爸封的），是花果山下来的小毛猴。我教书20多年了，真的很少看到一位男生可以"皮"到这个地步：上课从来不会好好地端正入座，要么跪在椅子上，要么蹲在椅子上，要么坐在椅子上晃腿，要么钻到桌子底下不知道干什么去了，把他拉出来，让他站到讲台边，他站累了，一屁股坐在讲台边上。每一位到鸿鹄班任教的老师，一下课就会来办公室与我交流：许老师，你们班的一立怎么这么皮呀！

孩子爸爸时常处于一种焦虑中，经常与我沟通联系，他和我说：哥哥很难管，四年级开始从老家来当地的另一所小学就学。哥哥始终融入不了转入的班级，始终觉得本地孩子排外，自卑又内向，还迷上了游戏。本想小儿子好带点，结果这小儿子比大儿子还要难搞定。听他老爸说，在幼儿园时期，他就是班级里鼎鼎有名四大调皮蛋之一，被老师单独拉到讲台边的座位上。他在幼儿园时能连续转两百多圈不头晕，属于标准的小皮猴。

怎么办呢？怎么寻找孩子成长的突破口？孩子爸爸在我的倡议下，以孩子的阅读为切入口，把家中电视机的无线网络拔了，潜心陪着孩子阅读。孩子的阅读为零起点，看不进去书，爸爸在我的倡议下，坚持让孩子出声读，每天坚持半个多小时，绝不手软。孩子因为朗读过度，嗓子都沙哑了。我作为班主任兼语文老师，虽然觉得阅读对一个孩子来说尤其重要，但听到孩子的嗓音每天如感冒了一般，缺少了清脆和明亮，真不忍心。我反而劝孩子爸爸：可以不要让孩子朗读了吗？让孩子默读好了，破坏了嗓子得不偿失呀！

在阅读上，孩子慢慢入门了。但说起学校里的事情，他总是缺少自信，觉得自己啥都不行。我听孩子爸爸说，他从小精力超级旺盛，一周岁之后几乎不午睡，每晚闹到10点多才能睡觉。我向爸爸建议：既然精力这么旺盛，那就去学个武术吧！

在爸爸的支持下，孩子从一年级下学期开始踏上习武之路。在武术班上，他肯定不是最有天赋的那一位，但绝对是最努力、最认真的那一位。每次去学武，都是爸爸全程陪同，别的家长把孩子送到教练处就没事了，但无论刮风下雨，无论工作多忙，一立爸爸每次都坚持陪同着孩子一起学，与教练悉心交流，陪同孩子一起研究。当教练看到这位爸爸如此重视孩子的武术学习，自然对孩子的武术指导得格外认真。

爸爸为了自己的孩子能在武术上脱颖而出，对孩子要求很严格，但凡教练布置的每日训练项目，都让孩子加倍训练。很快孩子从一大批学武孩子中脱颖而出，成为武术班武术苗子之一。学武三个月后，他在鸿鹄班首届文化艺术节综合专场中发布了武术展示视频，全班同学和全体家长惊呆了，纷纷发出了这样的感慨：一立的武术可以打得这么好呀！

时常能在班级微信群中看到孩子爸爸发的一些孩子的武术表演视频，以及他和小伙伴去演出、比赛的视频，他成为了同学、家长心目中的功夫小子。

慢慢地，武术带给他很大的自信，也成为了他的闪亮名片。

武术上的自信，慢慢带动了他学习上的自信。他上课越来越专注，积极发言，思维敏捷，学习成绩更如芝麻开花——节节高。

三年级上学期的期末调研，我们三、四年级的语文老师在一起阅卷，拆考卷时，一年级教过书法课的方老师在看到一立的98分的考卷时，大声地对我说："哇！许老师，怎么这个孙一立考得这么好呀？在我的印象中觉得很吵，很差的！"我笑着对她说："今非昔日，这个一立从皮蛋大侠成长为功夫小子了，现在很棒的！"

各科老师纷纷为他竖起了拇指。说起他的变化巨大，一位位老师露出了欣慰笑容。

看到他的蜕变，我邀请一立的爸爸在鸿鹄微讲堂介绍促成孩子蜕变成长的经验。

许老师及各位家长朋友们：大家晚上好。我是孙一立的爸爸。坦诚讲，我们家孙一立在班级里并不优秀，但相对于孩子自己来说确实一直在进步。

承蒙许老师的邀请和对一立的厚爱，今天我来谈谈我们家一立在成长过程中遇到的问题和我的应对方法，希望对各位有所帮助。

第一，孩子的教育是长久之事。我们家长自己的教育理念是什么？你想让孩子将来变成什么样子？在孩子成为你理想的样子之前我们家长需要做些什么？能不能坚持一直做下去？这很关键。其实每个孩子都是聪明的，我们家长自己要有一直坚持下去的决心。

第二，孩子在成长过程中，肯定会出现这样那样的问题。我们要允许孩子有问题，但不要放大孩子的问题。我们要去发现孩子的优点，放大孩子的优点，在这个过程中找到孩子喜欢做的事情，并加以强化让它成为孩子的亮点，找回孩子的自信心。如果我们的孩子没有自信，就会找不到方向，很迷茫。通过这段时间对孙一立的观察，我发觉孩子缺少信心，这让我很头疼。我当时就想：一定要帮孩子找回信心。大家也知道我们家孩子相当调皮，就是一个皮蛋大侠，特别好动，没法安静下来。我们尝试过学围棋，上围棋课时一立把凳子坐翻了，后来我又和他一起练习静坐，甚至把他关在洗手间里，但效果都不明显，最后选择了武术让他尽情地运动。但随着学武术新鲜感的消失，以及习武难度、强度的增加，孩子就开始了各种理由的退缩，幸运的是孩子遇到了严厉且负责任的教练，在孩子学武术的过程中从不放松要求。回到家里面每天都让孩子坚持基本功训练，别人做20个深蹲时我就要求他做100个，比其他孩子多几倍，甚至十几倍地训练，孩子不知哭过多少回。一年坚持下来，终于在一群学武术的孩子中脱颖而出，找到自己的闪光点，也变得坚强自信，上课渐渐会认真听讲，以前的很多不良习惯大有改善。这时候，许老师变着花样鼓励孩子，表扬孩子。孩子在班级里找到了属于自己的位置，学习越来越投入，成绩也越来越好了。孩子觉得自己跟其他小朋友一样，也是很厉害的，就会特别努力，因为他也想成为一个优秀的孩子。

第三，加强阅读。当孩子充满信心时，我就鼓励他向优秀的孩子靠近一点。一开始他还有点犹豫，我就鼓励说你之前学武术也不行，现在不是学得很厉害了吗？向优秀孩子靠近，从阅读开始。在阅读过程中，家长一定要做好引导，坚持下去。其实孩子教育得好不好，很大程度上在于我们家长自己能不能坚持。

关于阅读，我自己有几个看法：

（1）家庭环境很重要，我们家的电视、电脑网线全部拔掉，玩具找固定的地方放起来，该玩的时候玩，不该玩的时候全部锁起来，让他看不见这些东西，给他一个好的环境，不能让他分神。

（2）当有一个好的环境之后，我就开始引导孩子阅读，但是一开始孩子肯定不会阅读，对阅读不感兴趣。这个时候，我就找了一些比较简单的、他感兴趣的、搞笑的书，陪他一起看、一起笑、一起玩，发现书里面有趣的事情，好的词语、句子，我也会跟孩子一起记录、分享。慢慢地，他在书里面找到他自己想要的东西，他就会被吸引。当孩子对书有兴趣，在书里面发现了这个世界上很多他不知道的事情的时候，他就会慢慢地喜欢上阅读。这个时候我就让孩子自己读，而不是陪着他读。有时他也偷懒，看得烦，我让他必须大声读出来，这样孩子就不会走神儿，就不会思想不集中。我们曾经嗓子都读哑了，说真的，我是逼着他天天大声读。

（3）孩子会读书的时候我们就加一些知识点丰富的有营养的书。比如那种无障碍阅读的书，书中有圈圈点点的地方，让孩子多看看。有时候我自己也看一下，跟孩子一起来分析为什么这样写，让孩子下意识地顺着这个思路去思考。孩子的心智不成熟，很多东西还理解不了，我就慢慢地引导他，有时候就用比较通俗的话解释给他听，他慢慢地就学会自己去理解，时间一长他就会有自己的想法，会自己思考，有时候会提出自己的看法，这就说明孩子在用心读书，不管他说的是对还是错。尽管在看书的过程中孩子提出了很多幼稚可笑的问题，我还是多鼓励他说出来。因为他不把这些幼稚可笑的问题提出来，他就不会想得更多。问题提出来后我就会跟他分析为什么这样不好，为什么那样不好，孩子慢慢就学会了自己思考，能独立看书了。然后我就让他默读，大量地读书。这个时候我认为读书的质量不用要求太高。当孩子的阅读量上去了，他的思维能力也会越来越强。

（4）当孩子真正喜欢看书、能自己主动看书的时候，我们就有意识地引导孩子看一些名著。我们孩子的成绩现在不是很好，但是他自己知道看书，喜欢看书，总有一天他在书中学到的知识会厚积薄发，我相信他的学习会越来越好。

第四，家长不论有多忙，在我的观念里，如果没把孩子教育成才，不管做了多大的事业、存了多少钱，都是没用的，因为孩子不懂事我们就是失败的，所以我们一定要重视孩子的教育。孩子毕竟是孩子，都会偷懒的，我们大人也会偷懒，这是很正常的事。所以我们时不时地要抽查一下，看看他是不是在认真看书；有时候要陪孩子看书，讨论一下，参与到孩子的阅读中。

  第五，我记得我们家孩子经常问我："爸爸，我是不是很笨啊？是不是没他们聪明啊？我为什么总是没有他们那么好呢？"这种时候我通常就会说：人的大脑构造都是一样的，没有谁笨谁不笨的。就像机器总是在运转，就比较活络一样，我们要经常用大脑去想事情，它就会越来越聪明，就看你努不努力。所以我们要经常鼓励孩子，不要打击孩子，每个孩子都想学好，都想在同学面前表现得很好，也不想被同学笑话是个笨蛋。家长要原谅孩子犯的错，不要抓住孩子的错误不放。"哎呀，你真笨，别人都会做，你怎么回事呀？"这种话说多了，会对孩子产生负面影响，每当孩子有了错误时，我总会说"没事，其实我们已经做得很好了，就差那么一点点，把这一点点改好，就会更好"。一次次激励他，一次次成绩提高，孩子越来越相信自己也能做得更好。我亲身体会要让孩子找回自信心，要先从他的亮点着手，孩子没有亮点就从孩子喜欢的事情上培养亮点，然后再慢慢建立自信心。

  每个孩子都是来到这个世界上的天使，我们只是没发现他的亮点，要相信孩子，每个孩子都会很棒。加油，大家一起来努力！

5 做张表格，朝向美好

立夏了，丝丝凉意袭来，穿上长袖连衣裙，也能感到阵阵寒意，今天加了一件薄羊绒外套。乍暖还寒，气候多变，前两天穿一件短袖都不为过，这两天，缕缕寒意蔓延，这是否也是成长路上的考验呢？

前天晚上接到欣怡爸爸的电话，他向我投诉，小迪经常莫名其妙地撞欣怡，并骂她。我告诉他，我会好好了解这件事情。

早上我找来欣怡调查情况，果真，小黄常常莫名其妙撞她、拦住她、骂她。为了更清楚地了解事情的来龙去脉，我让欣怡把事情罗列下来，写在白纸上。他的同桌靓靓也来告状了。我也让她提笔记录了下来。

昨天与小迪妈妈通了电话，并把欣怡、靓靓所写的拍给她看。

孩子妈妈在微信上无奈地感慨：怎么这孩子怎么说都没有用！是不是要去看心理医生呢？

一通长长的电话，电话中是妈妈乃至整个家庭的无奈。打也打了，骂也骂了，讲道理，打比方，孩子对于人际交往还是学不会，虽然有一点点好转，但依然在班上属于不受欢迎的那一类。怎么办呢？我建议家长做一个表格，让老师和同学签名反馈，每天进行监督。上学期，我曾用一个本子让他进行自我挑战，的确有效果。这学期以为他变好了，就没再使用，似乎都还回去了。

妈妈做的表格头是：每天行为规范记录表。我一看，太生搬硬套了。我改为：十岁了，小迪会做朝向美好的少年！我让文印室里的董阿姨打印在粉红的纸上，顺便也给另一位犯同样毛病的小张打了十份。

十岁了，小迪会做朝向美好的少年			
2019年__月__日，星期__			
时 段	课 程	科任老师签字	存在的具体问题
上 午	第一节		
	第二节		
	第三节		
下 午	第一节		
	第二节		
	第三节		
自我评价	上课纪律	作业态度	与同学相处（同桌签字）
班主任签字			
家长签字			

午间活动，我进行了座位大挪移，故意让情商偏低的小涵与情商高的陈蓉同桌，希望她能交到更多的朋友。我把小迪调到后面，与文静乖巧、自控力强的昕玥一桌，他们两位本就是幼儿园同学，彼此的父母也熟悉，搞活动时经常在一起。昕玥告诉我，小迪一年级时曾骂她猪头，现在倒不骂了。希望他们在一起就座，能相安无事。

小迪屁颠屁颠地找各位老师签名，最后轮到我签名时，看到老师打的都是五角星，同桌写的是除了抽屉有点脏外，其他都还可以。

对于小张，我专门找了时间做研究，来了解他人际交往差的成因。

我罗列了几大问题，让他填写：

（1）在什么情况下会骂人，打人？

我在生气的时候会骂人、打人，一般他们来惹我都是不小心的。我躺在床上还一直睡不着。

（2）每次骂人之后，心里后悔吗？

我骂人的毛病是从一年级开始的，每次骂人后，心里一直想：我是否太过分了？好像不应该把这句话说出去。

（3）目前，在班上好朋友多不多？你觉得大家不与你做朋友的原因是什么？

目前，我在班级只有三个好朋友——黄佑宸、朱容川、陈张瑞，我觉得他们不是真正喜欢我，大家不愿意与我做朋友，是因为我总是骂人、打人。

（4）你骂、打较多的人是谁？哪几位？哪一种类型的同学你不敢骂？

我骂、打较多的人是李鸿煜、钱灏、沈笑妍、孙一立、冯旦晨、黄睿涵、魏辰、高辰。因为他们不怎么凶，我就骂他们了。比较凶的小朋友，我不敢骂。我怕骂了金煜翔、王诚斌，他们会来打我，因为他们体育好。我不想骂唐翌展和其他两道杠但不凶的人，因为他们学习成绩好。

这是一位见软欺，见硬怕，管不住嘴，不肯吃亏，人际交往存在着缺陷的孩子，在同学中口碑比较差。

如何帮助孩子提升他的人际交往能力，提高他的情商？前两天，我借给他一本《情商高的孩子能成大器》，这次，再借助这份表格，每天与小迪一样，坚持"朝向美好"吧！

每天，每节课找老师签名，午休、晚托，找小朋友签名，每天班主任再签名，麻烦是麻烦点，但的确看到了两个孩子的进步。坚持十天做得好，我这边有个鼓励，或者奖一颗巧克力，或者奖一本书，家长那边也有定期的奖励……在这样的双重努力下，两个孩子慢慢进步了。

朝向美好的少年，一天比一天明亮。朝向美好，让孩子变得更优秀！

6 拉个钩钩，来个约定

晚上9点多，疲累了一天，我刚坐到床上，看一下手机，正准备关机充电，突然，收到Y妈妈的微信：

许老师，不好意思，这么晚了打扰了！今天晚上Y不知道为什么情绪崩溃了。说不想读书了，不想学习语文、数学。问可不可以不学习！说自己懒，不想学，觉得难！我和他说了很多，他爸爸现在正和他谈。辛苦许老师在学校也开导一下他，Y内向，又敏感。他说，在学习上都是我们家长让他学，他自己一点儿也不想学，不知道为什么要学习。之前都不知道他有这样的状况。他还觉得和同学相处得不是很好，这和他自己的性格有一定的关系，我好怕他厌学！有点无助，不知道怎么和他进行沟通！

微信中充满无奈、无助。

Y？

他不是一位品学兼优的孩子吗？他下面还有一个弟弟，爸爸妈妈曾不避讳地说起，Y在家不肯谦让弟弟，总觉得弟弟的到来剥夺了爸爸妈妈对他的爱。二年级时，我也接到过孩子妈妈的电话，孩子在家喊着不肯上学了，说班上的小金同学管班太严格了，他接受不了。后来，我做了他的思想工作，也把管班特别严格的小金暂时撤换。竞选班干部的时候，他竞选上了副班长，风平浪静地过了一段时间。

三年级，又一轮竞选班干部，他一开始信心满满，但从班长开始竞选到副班长，再到学习委员，都没有选上。后来的他，不敢再上来参与竞选。看他那失落的样子，我鼓励他再次上台，他最后终于成功竞选上心理委员。

看得出，孩子心情失落。我告诉他，心理委员是一份非常重要的工作，职位不分高低，只有分工不同。这个学期孩子受挫连连，学校选拔奥数兴趣小组，他以5分之差落选，精神有点萎靡，我也安慰、谈心过几次。他的妈妈也告诉我，孩子在家下围棋下不过弟弟，有时候比较烦闷。他学得晚，一周才一次，弟弟一周学三次。我劝慰过他，要么围棋不要学了，一周才一次，也出不了成绩，何况平时都这么忙。孩子听从我的建议，不去学围棋了。

今晚怎么会发生这么严重的事情呢？源头是什么？导火索是什么呢？我马上打电话给妈妈。妈妈告诉我，起因是他想与妈妈睡觉，爸爸今天不值班，妈妈让他和弟弟一起睡。孩子坚决不同意，就是想与妈妈睡。妈妈就与孩子说，把你这事情发到班级微信群，问问大家，对不对？于是，就出现了"崩溃"这一幕。

第二天早上，Y居然没有来读书。难道情绪还没抚慰好？我正疑惑中，爸爸微信告诉我，孩子还想调整一下情绪，答应明天来读书。我告诉孩子爸爸，中午我去家访。

上好两节课，批好作业，一吃好中饭，让妈妈发个定位给我，我就去家访了。孩子在楼上等我，远远地从窗口看到了我，向我打招呼，并下楼来接我。

"Y，你为什么不去读书？有同学来问我了，我来看看你！"我亲热地拉着他的手说。他在那支支吾吾说不上来。来到他家，除了爷爷、奶奶、弟弟、爸爸、妈妈全都在家，整个家窗明几净。爸爸妈妈今天也双双调休在家。孩子可是一个家的灵魂呀，承载着父母的希望。儿子情绪波动这么大，爸爸妈妈哪能安心上班呢？我能体会爸爸妈妈那焦灼的心。

我在沙发上与家长如朋友般简单聊了几句后，就与Y说，我们一起去书房聊聊天。

在Y家的书房，我与Y面对面聊着，谈着心。

我从同学入手，告诉他，好几位小朋友惦记着他呢，怎么今天没来上学？是不是因为身体不好？

他摇摇头。我问孩子，那到底是什么原因不去上学？能不能告诉我呢？在我的轻声问询下，孩子道出了原因。首先，交朋友上，平时在学校里的朋友不多，也就两三个，想与同学一起去玩，但觉得有点融入不进去。小易平时喜欢弄他。与同学踢足球时，同学会骂他技术差。

我告诉他：同学说你球技差，他们是说者无心，也不是故意要中伤你！你可以反击，你水平高死了！厉害死了！至于小易嘛，许老师会去找她谈话，让她向你道歉。朋友少嘛，多找几位朋友，我也会来相助的。

另外，弟弟的围棋水平太高，下不过他，觉得有点难为情。他告诉我，这是他心中最大的一个结。昨天弟弟围棋考级考得特别好，全家人夸奖，他的内心特别难受。他本想与妈妈睡，得到点安慰，妈妈却没有及时反应过来，用了不合理的处理方式，导致孩子的情绪迸发。

哦，原来二胎问题引发了哥哥的失落感，这才是孩子昨晚崩溃的最核心问题。我告诉他：哇！谁告诉你哥哥一定要下围棋下得过弟弟呢？你是神吗？我故意这么说。

他连连摇头说：我不是神。

既然不是神，就是普通人，普通人就不会样样要比别人好，比弟弟好！你弟弟一周三节课，你一周才一节课，下不过不是很正常吗？你不要与自己过不去呀。

孩子听了我的话，眼睛一亮，一副恍然大悟的样子。他告诉我，以后不纠结了，想通了。

孩子担心地告诉我，老师今天来家访，会不会让同学们知道呢？原来，他还担心这个呀。

哎呀！我以老师的名义担保，不会向任何一位同学说。我伸出了手指，与他拉钩。

孩子开心地露出了笑脸。

他在书房做作业，我来到了客厅，与他的家人说明了孩子的内心情况，他们全家人此刻才恍然大悟，明白了孩子昨天一天的内心煎熬。

我给了家长建议，以后表扬老二时，别忽略老大的情感。鼓励孩子多交几个朋友，多与孩子谈心，当他想与妈妈睡时，可以满足他的要求，并与他谈心。

那次家访之后，我也常常问他：Y，最近开心吗？他总是扬起笑脸，与我说很开心。也时常与他聊聊弟弟，聊聊弟弟的围棋，他现在坦然接受了弟弟围棋比他好的现状，不再焦灼和无奈。孩子变得阳光又健康。

随着国家全面放开二胎政策，二胎的教育问题渐渐暴露。如何进行大毛的心理疏导？如何给二胎家庭进行家庭教育的指导？新时代的班主任，任重而道远。

7

学会敬畏，挑战自我

小C是个可爱的孩子，大大的眼睛扑闪扑闪，虎头虎脑，长得帅呆了。

小C的学习倒没有问题，本身小脑瓜聪明，再加上妈妈管得比较紧，刷题也多，虽不属于出类拔萃的尖子生，但中等偏上，不需老师操心。小C的字从一年级开始就在培训中心学习，写得又快又好，一翻开他的作业本，给人一种赏心悦目的感觉。

最大的不足，就是一张小嘴总喜欢去骂别人，说别人，有的时候还要朝别人的屁股上来一拳。谈话、聊天、告诉家长，似乎效果不大。孩子全家从农村来，居住的小区离学校较远，身边没有可以玩的伙伴，他想与同学做朋友，但不知道选择什么样的交往方式，就企图用骂或打的方式。小灏是他的好朋友，双方父母也走得很近，但他喊小灏"乌鸦老钱"。小灏听了恨得牙齿咬紧。有的时候，还用英文说小灏是woman（女人）。你说，这样子怎么能交到朋友呢？

小松与他同质异体，趣味相投，曾是非常要好的朋友。他们看哪个同学不顺眼，常常联手一起欺负。本来成绩不出色的小鸿同学，上学期考了双百分，没想到引来了小C、小松的妒忌之心，联手欺负小鸿，或打或骂。我几次三番进行干预，但屡禁不止。简直是每天的是非篓子。

家长会那天，我把小C的爸爸妈妈全都找来，散场后，坐在教室里与他们细聊，告诉他们，家长一定得重视孩子的人际交往。孩子身处一个集体，倘若处理不好与同学的关系，找不到好朋友，会很不开心，同学和家长还会嫌弃。妈妈也说，这个孩子一点儿也不听话，都不想管了。我对孩子爸爸建议道：以后多管管吧，在学习上对孩子的要求低一点，在人际交往上多引导孩子一点。爸爸答应以后一定好好管教孩子。

一天中午，天欣和詹轶来办公室向我投诉，说小C天天骂她们，说她们的坏话。我找孩子谈了几次话，可效果不大。怎么引起爸爸的重视呢？我动起了脑筋。

我让她们两个用我的微信给小C爸爸发语音。"叔叔您好！我是吴天欣，你家小C天天骂我和詹轶，什么吴天欣的奶奶生病住院了，死了。真的很烦！"听着稚嫩的同学的告状声，肯定比我这个班主任的转达对爸爸的震撼更大。

詹轶也用微信语音反馈道："叔叔您好！小C天天骂我，我有点受不了了。"

此刻，小C爸爸心里肯定五味杂陈吧！没过多久，小C爸爸回复了，说："叔叔已经知道了，一定好好教育他。"

周日，小C爸爸与我联系，告诉我，狠狠教训了孩子一顿。再这样下去不管教，这个孩子要废了。爸爸告诉他：必须向两位女孩子道歉！以后再发生这样的行为，知道一次揍一次。

爸爸的管教胜过妈妈的嘶吼，孩子老老实实地向两个女生道歉，也不轻易去说女生了。小C告诉我：见了爸爸好怕！爸爸好凶！我与他开玩笑说，以前爸爸不凶你，不管你，你是不是把爸爸当病猫呢？他点头："是的！"

在人际交往上，孩子的确比以往收敛了一些。

我给了孩子一本挑战本，让他每天坚持做两件好事，向三到五位同学说好听的话、温暖的话，对待同学不骂不打，上课不被老师点名提醒。如果能做到的话，每天找我来签名。每挑战成功一天，我打一颗五角星，挑战成功十天，我将会给他送上一份小礼物。孩子每天很开心地找我来签字，当我打了一个五角星，他就特别开心，但没挑战成功的时候，他就吐吐舌头。我告诉他，明天继续努力！

因为经常在与别人说好话，经常帮同学做事，渐渐地，他又受到了同学的欢迎。

小C爸爸也会经常问问我，最近孩子怎么样了？

在这样的双重"鼓励"下，孩子渐渐进步了，笑容浮荡在他的脸上。

孩子挑战成功了八天，我赶紧奖励他一盒巧克力，并在那红色的漂亮的盒子上写上：祝亲爱的小C，越来越棒！四季好运！天天加油！

我还给孩子拍了照留念，孩子喜滋滋地出去了。

第三章　暖暖的生生相育：
《校园之声》的教育力量

CHAPTER 3

聆听鸿鹄电台的声音，融合成一泓明亮的童年清泉，亲切、柔和、别样、多彩，有小主播清脆声音的回漾，有一周班级生活的回放，有同学的殷殷希望。生生相育，心心相通。童年，因"喜马拉雅"而精彩！

1 一分耕耘，一分收获
——鸿鹄电台第一期《校园之声》

小主播 琅琅

鸿鹄展翅，才情飞扬，各位听众朋友，大家好！欢迎大家收听鸿鹄电台的《校园之声》，我是今天的小主播琅琅。从开学到今天已是第三周，下面让我们来回顾一下。

从开学到现在，我们已经学习了整整两周，下面我来做一个总结：开学典礼上，朱笈弟受学校政教处孙老师的钦点，主持了学校的开学典礼，虽然只有一天的准备时间，但是他表现出色，脱稿主持，情绪饱满，获得了全校老师的称赞，这也是近年来北港小学开学典礼鲜有的脱稿主持的主持人。他的精彩表现，除了自身努力，离不开一年半来我们鸿鹄班开展的一系列经典诵读，比如《弟子规》《三字经》《笠翁对韵》等古诗词诵读的熏陶。

这一周，我们进行了第一次班干部竞选，同学们热情高涨，共有45位同学参与角逐，最后确立了以唐翌展、陈铭佳为首的班委。希望当选的同学严格要求自己，认真学习，为班级服务，起到表率引领作用。落选的同学不要气馁，修炼内功，在学习、遵守纪律、交往上再加把劲，在三年级的竞选上，就会出现你的名字了。

我班寒假书法作品获奖如下：金诗媛的软笔作品获年级一等奖；朱天乐、徐雨彤的软笔作品，吴天欣的硬笔作品获年级二等奖；魏辰的硬笔作品获年级三等奖。恭喜以上获奖同学。一分耕耘，一分收获，今天的获奖，一定是他们通过昨天的努力换来的。同学们，让我们自问一句：我努力了吗？

朱笈弟的《赏荷》发表在浙江小作家网上，班上有25位同学在全国万校创新作文大赛上获得一、二、三等奖。习作学习才刚刚起步，同学们便有这么好的表现，值得表扬。

百善孝为先，特别表扬钱灏同学在寒假中照顾生病的妈妈，等一下，我们一起来欣赏他的文章，看看他的孝行，再对照一下自己的行为。

第三周，我们进行了两次语文单元调研，一次数学调研，希望同学们认真反思和总结，以后能考出优异的成绩。

上一周，王诚斌的生活作文写得很棒。

特别表扬唐翌展，时刻把班级当成自己的家，主动为班级做事，尽心尽力，连数学吕老师也时常在办公室表扬呢。唐翌展低调、谦虚、有礼貌，见了别班的老师也能主动打招呼，常有办公室老师在许老师面前表扬他，这就是家长口中的别人家的孩子吧！同时也感谢唐翌展妈妈为每一位同学送上了精美的餐桌垫。

下面有几点温馨提示：

下课时，文明玩耍，不追逐打闹，更不要与别班的同学发生矛盾。

找到了自己的伞后，要把伞桶重新整理好。而不是任由别人的伞，乱扔在地上。一个高素质的人，总是在细节上严格要求自己。

同学之间学会文明相处。

把学习当成自己的首要任务。

今天的《校园之声》就到这儿，下面请欣赏钱灏的孝顺行为。

我的寒假生活
钱灏

寒假前有一天,妈妈突然肚子疼,疼得满头大汗,脸色苍白,在沙发上直打滚。

于是,爸爸马上带着妈妈去医院就诊,医生要求先做B超、CT等一系列检查。结果,妈妈得了肾结石,医生叫妈妈马上住院。第二天,就给我妈妈做了微创手术,又住了几天院,我放寒假的前一天才出院回家。

我可怜的妈妈呀,虽然石头已经取出来了,但是肚子上还插着两根管子,要过一个多月才能拔出。医生还说:"不能拎重东西,不能把手举高,必须长时间卧在床上休息。"我一听,天哪!这会给妈妈的生活带来多少不方便呀!我自言自语地说:"反正就要放寒假了,我要好好照顾照顾妈妈。"

我起床的第一件事就是烧开水,帮妈妈倒好水,接着去烧早饭。虽然我烧的早饭有点单一,只是水饺、面条等,但是我们俩还是吃得津津有味。吃好饭,我就去洗碗。洗碗也是一门学问哪!先把抹布打湿,再在抹布上放洗洁精,把碗的里部、边部还有碗底全擦一遍,最后用清水冲一遍就完成了。洗好碗,我看见地上脏兮兮的,就去拿拖把拖地板,我一推一拉,把垃圾集中到一个地方,再慢慢地把垃圾粘到拖把上。最后,把拖把洗一洗,再挤一挤就完成了。有时候,我还帮妈妈洗衣服、晒衣服,从中体会到了妈妈平时的辛苦。

有一天,妈妈看到朋友圈里同学们都在旅游,她用愧疚的语气对我说:"宝宝,这个寒假我们不能出去游玩了。"我对妈妈说:"等您把管子拔出,大家就都放心了。旅游的机会多的是!"虽然我没有出去游玩、享受,但我过得充实,因为我为家庭出了一份力,也为爸爸分担了一份责任。

爸爸妈妈夸我是个又懂事又孝顺的小小男子汉。

2 宁舍锭金，不舍一春
——鸿鹄电台第二期《校园之声》

小主播 斐斐

鸿鹄展翅，才情飞扬，各位听众朋友，大家好！欢迎大家收听鸿鹄电台的《校园之声》，我是今天的小主播斐斐。下面由我来回顾和总结第四周的一周纪事。

周三的班会课上，我们进行了16分钟的查字典比赛。张熠宸同学以20个字荣获本次查字典比赛的冠军。前十佳分别是张熠宸20个，金煜翔19个，陈誉、夏雨萱17个，朱笈弟、唐翌展、邵心近16个，魏王珺、沈嘉懿、钱之微、陈铭佳15个。表扬上述同学，查字典速度快。共有11位同学不到10个，速度有点慢。在家中可要经常练习哦。

我神州，称中华，山川美，可入画。在学习了课文《神州谣》后，在鸿鹄班家委会朱钱昕玥爸爸的组织下，我们班好多孩子和家长去永乐影院观看了爱国电影《厉害了，我的国》。从祖国日新月异的变化中，我们感受到了祖国的蓬勃发展，也深深觉得作为一位中国人真的很自豪！

俗话说得好，宁舍一锭金，不舍一年春。春天，正是孩儿读书天。表扬陈张瑞、朱天乐、魏辰、朱笈弟、黄睿涵、张舒元、黄佑宸、张熠宸在老师没有做要求的情况下,把《声律启蒙·七虞》全都流利、一字不差背诵出来。读书破万卷,下笔如有神。现在的我们,要学会多积累,练好童子功。为有源头活水来,大家加油哦!

本周特别表扬徐宇梵同学,他上课专心听讲,尤其是做作业,语文、数学都抓紧时间,快速做,做好了马上交。从以前的小拖拉磨蹭变成了现在的小马车,不用老师操心,进步很大!

本周还要表扬沈嘉懿同学,她学习刻苦努力,作业整洁,字迹秀丽,在第一、二单元的语文调研和第一、二单元的数学调研中均获得了优异的成绩。现在的作业本,能给人一种美的享受。

表扬朱钱昕玥同学,她对待班级有一种主人翁精神。要去做操了,她不仅仅整理好了自己的座椅,看到同桌的桌子有点歪,她赶紧帮着也整理了一下。这一个小小的细节,折射了朱钱昕玥爱班如家的精神。

表扬我们新选举的班委,班干部尽心尽责,为班级、同学服务。尤其是陈铭佳、金煜翔、章佳一、唐翌展等同学,每天早早来到学校,维护秩序,管理班级。此外,劳动委员朱容川、黄佑宸、吴天欣不怕脏,不怕累……

小队长黄睿涵收发本子、分发报纸很认真。在他的带领下,他们组交作业的速度比较快。

下面我来讲几点温馨提示:

(1)下周我们将进行运动会的报名、选拔工作,请各位同学做好准备。

(2)下课可以画画,但请准备画画的备用本,不要总是随便撕本子上的空白纸。

(3)下周又将迎来两场硬仗,那就是语文第三单元调研和数学第三、四单元的调研,希望各位同学做好精心的准备。

(4)班级是我家,发展靠大家。希望每一位同学都能有主人翁精神,不能只是小干部在付出。

(5)总有一些同学的作业存在质量不够高、题目看不仔细、乱做、漏题等现象,希望各位同学严格要求自己,把每一次作业当成考试,把每一次考试当成作业,那么成绩想不好都难了。

(6)下课时,文明玩耍,不要在教室、走廊里追逐打闹。时时刻刻牢记安全第一。

我今天就播到这儿,谢谢大家的收听!再见!

3

朝向明亮，保护眼睛
——鸿鹄电台第三期《校园之声》

小主播　琅琅

鸿鹄展翅，才情飞扬，各位听众朋友，大家好！非常高兴又一次与各位朋友相约在电波之中，我是你们的老朋友琅琅。欢迎大家收听鸿鹄电台第三期《校园之声》。今天由我来回顾第五周的一周纪事。

周三的班会课上，邵心近主持了《写给儿童的中国历史》（第8—12册）的班会课。班会课采取小组比赛的形式，共分为单选必答、判断必答、填空必答、抢答四轮。主持人落落大方，课件制作精美，同学们热情高涨，积极性高。最终第三小组荣获了冠军，主持人给第三组每一位同学送上了荧光笔作为奖励。《写给儿童的中国历史》这套书，我们的阅读已经接近尾声。53位同学已完成阅读。在爸爸妈妈的支持下，分别由高熙雯、黄佑宸、邵心近主持了课程推进活动。同学们都积极参与，取得了非常好的效果。尤其是朱笈弟、金煜翔、易子昕、黄佑宸、邵心近、徐逸航、李宇玲睿、黄睿涵等同学，阅读效果比较好，答题活跃，视野开阔。

眼睛是心灵的窗户，本周三，学校卫生室给同学进行了视力检查。同学们检查时安静有序，得到了卫生室吴老师的好评,夸我们班级真乖!但是,部分孩子的视力不容乐观,尤其是平时动作比较慢的孩子、弹钢琴的孩子。我们要学会用眼,认真做眼保健操,下课了,要望望绿色植物,让自己的眼睛得到充分休息。

本周五,我们进行了语文、数学单元调研。语文100分的有三位,分别是朱容川、唐翌展和李宇玲睿,均分为95.38分。发挥不理想的孩子,接下来可要好好努力哦。数学100分的有22人,均分为97.65分。虽然分数看着很高,但我班100分的同学还不算多哦,希望同学们在认真审题、仔细答题上再加把劲儿哦。

特别表扬金诗媛同学,不仅仅是因为她的软笔书法荣获了年级一等奖,硬笔书法字也很棒,最值得称道的是,她现在的作业速度越来越快了。她的朗读优美动听,是名副其实的语文课代表。她的好学值得我们学习。

特别表扬张涵同学,从一年级的举步维艰,每天作业要写到晚上9点多,调研成绩总是良好或及格,到现在的每天半小时就能完成作业,她的抽屉越来越干净,学习成绩也越来越棒,在这一周的语文、数学单元调研中,分别荣获了语文97分、数学96分的好成绩。这里面包含了她的爸爸妈妈,还有她自己孜孜不倦的努力。我们全班同学还有老师真诚地向她祝贺!

特别表扬小队长李宇玲睿,收作业认真、快速,上课积极发言,完成作业快速,表现很棒!

表扬劳动委员朱容川、黄佑宸、吴天欣,勤勤恳恳,任劳任怨,爱班如家。

亲爱的同学们,让我们一起朝向美好,朝向明亮那方吧!

下面我来讲几点温馨提示:

(1)有些孩子比较浮躁,不管坐在哪儿,总是给前后或左右的孩子带来麻烦。希望能静下心来,好好学习。静能生慧,只有静下来,才能拥有大智慧。

(2)有些同学自我整理能力弱,放学后,地上总有一堆的垃圾,希望能自我管理好。

（3）天气暖和，下周开始准备穿校服了。下周一，请穿运动装校服。下周二下午春游，请穿白衬衫、背心、毛线外套，女生为卡其色裙子，男生为卡其色裤子，请各位家长为孩子们提早准备好。

（4）几乎每天有同学忘记带东西，请记得每天对照课表整理好。

（5）总有几个孩子做出奇怪行为，引起同学注意，要知道，越是这样做，同学和老师越是反感。一位自我约束强、有规则的孩子，才能赢得更多同学和老师的喜欢。

"草长莺飞二月天，拂堤杨柳醉春烟。"美好的春天，让我们多多亲近大自然吧。提早祝各位同学下周春游快乐。谢谢大家的收听！期待下回再见！

4 智慧应对,提升情商
——鸿鹄电台第四期《校园之声》

小主播 斐斐

鸿鹄展翅,才情飞扬。各位听众朋友,大家好!非常高兴,又一次在电波中与各位朋友见面,我是你们的老朋友斐斐。欢迎大家收听鸿鹄电台第四期《校园之声》。今天由我来回顾第六、第七周的一周纪事。

"走,走,走走走,我们小手拉大手……"在美妙的歌声中,我们手拉手一起去春游啦!第六周,我们北港小学二年级去吴蓬书画院参观,黄佑宸妈妈热情地接待了我们,还给我们讲了吴蓬书画院的故事,我们听得津津有味。感谢所有家长义工们的全程陪同,尤其是陈誉外婆和唐翌展外婆。所有的家长,是我们健康成长的最强后援团。我们保证,一定会继续努力!

第六周,我们还开展了一节非常有趣的班会课,那就是《我是优秀的小导游》,共有 10 位优秀小导游介绍了寒假游玩的地方。其中李宇玲睿、唐翌展、魏王珺、黄佑宸还能脱稿讲,真的特别棒哦!他们不仅长了见识,还能把所看到的讲给大家听,真的很有意义哦!

第七周,李宇玲睿主持了《舌尖上的健康》的班会课，她主持得落落大方，以一个有趣的小品开始，接着讲了全世界十大垃圾食品，我们以后尽量少吃哦。丰富多彩的班会课，丰富了我们的学校生活，还让我们学到了许多课文上没有的知识。我们真喜欢这节课。

特别表扬贾斐斐同学，她现在乘上了学习快车道，一年级时听写错误很多，这个学期评上了听写之星。语文、数学成绩越来越棒了！

特别表扬缪漪静同学，每天早上听着铃声自己起床，不用家长提醒，每天在家早读20分钟，上课时，发言特别积极哦。

特别表扬朱钱昕玥同学，他的语文、数学作业做得特别好，字迹漂亮，正确率高，又一次双双登顶正确率最高的峰顶。真的要表扬。平时的作业是实力的见证。

表扬钱予泽语文、数学越来越进步，字也越写越好。高辰的数学进步很大。

特别表扬朱容川同学，他是我班的听写冠军，每一次听写全对。他热爱班级，热爱同学，学习特别认真仔细，上课非常投入，状态特别好。表扬朱天乐现在上课发言越来越积极了。

特别表扬章佳一同学。有同学想用荧光笔与他换橡皮，他没有明确拒绝，并与同学说需要许老师同意才能换。他的回答，反映了他遇到事情智慧应对，情商很高。都说，情商高的孩子成大器。当有同学要求你做某件事情的时候，你不要一味盲从，学学章佳一怎么处理哦。

表扬沈佳烨和王朱靓，他们收发本子、检查抽屉非常认真。

下面我来讲几点温馨提示：

（1）我班有15位同学每天只需半小时就能完成作业，那是因为他们作业效率高，抓紧做。越是花时间少的同学，成绩越是好。多出来的时间，就可以查漏补缺，学习才艺，看课外书以及休闲活动了。同学们，让我们快速做回家作业，向李赞一样，每天争取在晚饭前完成作业。

（2）双休日的作业，更要抓紧做哦！早做也是做，晚做也是做，晚做的同学玩得不开心，还要忍受家长唠叨，何必呢？早早完成作业，多轻松呀，还可以痛痛快快地玩。

（3）读课文、读词语、听课时，要学会口、耳、脑一起用起来，争取课堂效率高一点。

（4）聪明的孩子今天做明天的事，愚蠢的孩子今天做昨天的事情。同学们，让我们学会提早做。比如说，双休日时，可提前预习一些课文，明天要学习《经典诵读》了，让我们先把要学的古诗读几遍吧。比如说，下午有40分钟的休息玩耍时间，可以先把数学口算做一下。这样，我们每天提早做一点要做的事，就会轻松许多。大家试试吧！

（5）吴蓬书画院里有个三余堂，告诉我们要珍惜时间。春天，是一年中最美好的季节，让我们在美好的春天里，珍惜时间吧！

谢谢大家收听！下回再见！

5

团结进取，一路拼搏
——鸿鹄电台第五期《校园之声》

小主播 琅琅

鸿鹄展翅，才情飞扬。各位听众朋友，大家好！非常高兴又一次在电波中与各位朋友见面，我是你们的老朋友琅琅。欢迎大家收听鸿鹄电台第五期《校园之声》。今天由我来回顾激动人心的第八周的一周纪事。

期盼已久的运动会如期召开，在本次运动会上，我们本着团结、进取的精神，一路拼搏，从一年级时的 17 分到今天的 95 分，进入了年级第三名，真的太不容易了，这份成绩单里凝聚了所有鸿鹄运动健儿以及家长、朋友、老师们的付出和心血。

有付出才会有回报，我们体会到了劲往一处使的集体荣誉感。我们不怕失败，知耻而后勇。

夏雨萱爸爸每天带着女儿 6 点半起床，在公园里跑步；李赞爸爸带着女儿坚持训练；魏王珺为跳绳这一块铜牌，足足努力了一年；金煜翔爸爸妈妈一起来操场为孩子呐喊助威；孙一立爸爸坚持带运动员入场，主动来学校帮忙，为全体运动员们忙这忙那……

感谢所有热心的家长朋友，朝着目标前进，永不放弃，那一份精神足以撼动一切。让我们一起为身处这么一个温暖团结的集团而骄傲吧！

　　钱之微同学上了一节有关"羽毛球"的班会课，她上课落落大方，越上越自如。尤其是课件，制作得太精美了，为钱之微爸爸点赞。为了这节课，钱之微晚上10点才睡觉，真令我们感动。从这节课中，我们知道了羽毛球原来来自曾被誉为日不落帝国的英国的上层社会。我们还了解了尤伯杯、汤姆斯杯等羽毛球赛事。特别感谢钱之微带来的这节班会课，周三是我们全班同学的美好期待。

　　特别表扬陈张瑞同学，他最近越来越棒了，学习刻苦努力，上课积极发言，学习成绩更如芝麻开花节节高。

　　特别表扬沈笑妍同学，她这学期语文、数学的成绩都挺棒，每天坚持弹钢琴。去年，她的钢琴在新加坡的比赛中荣获了一等奖，这个月的月底她又要去杭州参加比赛了。我们祝愿她取得优异的成绩。

　　特别表扬沈欣怡同学，她默默努力，不骄不躁，不断克服自己，上课积极发言，在鸿鹄电台的广播剧场做小主播做得很棒，学习成绩也越来越棒！

　　下面我来讲几点温馨提示：

　　（1）垃圾分类，我们少部分同学做得很不够，每一次吃完了东西，果皮、餐巾纸随手乱扔。现在的分类垃圾桶的确有点小，但我们再多走一步，走到垃圾桶边再扔，就不会扔在外面啦！倒剩饭剩菜时也一样，不要插队，放盘子时不要乱扔，要轻拿轻放。

　　（2）都说细节决定成败，让我们从细节做起哦！运动会时，有的同学只管自己吃，不管垃圾，把自己的运动员号码弄得很脏，有的时候玩起了沙土，飞扬的尘土被吸进自己和同学的肺里，不利于健康。还有的同学用玩过泥巴的手触碰零食，真不讲卫生，这样也容易生病哦。

　　（3）著名教育家苏霍姆林斯基说，你读得越多，你就越聪明。许老师说，越是读得少的同学，越是做不出题目，越是成绩差。当阅读量达到书本的四到五倍时，你的语文学习自然不会差。4月份，你读了多少本书？请家长给孩子把好关后，在阅读存折上进行登记。

（4）五一假期快到了，快约上好朋友一起去野外玩玩吧！让我们做一群既会生活，又会学习的小孩吧！

谢谢大家收听！下回再见！

6 多多阅读，增加营养
——鸿鹄电台第六期《校园之声》

小主播　斐斐

　　鸿鹄展翅，才情飞扬。各位听众朋友，非常高兴又在电波中与各位朋友见面，我是你们的老朋友斐斐。欢迎大家收听鸿鹄电台第六期《校园之声》。今天由我来回顾第九周的一周纪事。

　　周三，夏雨萱为我们上了一节《史前探秘》的班会课，为了上好这节课，夏雨萱和爸爸专门去了上海自然博物馆，查找了许多资料，制作了精美的课件。夏雨萱的班会课，上得特别出彩，声音响亮，很大气，很自然，真像一位落落大方的小老师。为夏雨萱点赞，现在的她越来越棒，敢于展现自己的风采，学习成绩优异，平时的作业习惯好。

　　这一周很繁忙，我们进行了语文第五单元的补考，但是依然有11位同学在90分以下。只会做考卷的孩子，阅读营养跟不上，只会越来越差。若偶尔因试卷容易考了理想分数，那也只是一个假象。希望几位在辅导班学习的孩子，告诉辅导老师，可以适量让你们看点书，不要一天到晚只知道做习题，比做习题更重要的是多看点课外书，多增加点营养。4月份的阅读存折，陈铭佳、易子昕、朱天乐阅读了100多万字，最少的孩子 10 万字都不到，如此悬殊的阅读量，如何去竞争？

本周数学进行了两次调研，在各位家长的支持下和各位同学的努力下，我班都取得了较为理想的成绩。第一次，90 分以下的孩子 3 人，第二次 90 分以下的孩子才 2 人。第二次 100 分的孩子有 15 位。陈铭佳对许老师说：我第一次才考了 99 分，气死我了，这个单元就考了 100 分。多懂事的孩子呀，知道丢了不应该丢的分，哪怕只有一分，会很心痛，会吸取教训，于是不在同一个地方摔跤。我们可以犯错误，但请各位同学记住：不要在同一个地方摔跤两次哦。

周六，章老师借我们班进行语文课展示，尽管许老师不在，周老师、吕老师都要上课，无法监督，但据听课的老师们反馈，大家发言很积极，上课很专注，听课习惯很好。大家可别骄傲，继续努力哦！听说也有个别同学在玩书写小练笔的纸。同学们，我们要有则改之，无则加勉。

为了培养良好的作业习惯，不拖拉磨蹭，为即将到来的三年级的四门功课做准备，本周，我们采取了回家作业完成汇报制。同学们完成速度越来越快，回家第一件事就是抓紧做作业，这个习惯真的很棒哦。昨天，贾斐斐完成了所有作业，还没来得及拍视频，就要去上兴趣班了。本来许老师与她妈妈说，可以放到明天再拍视频，但她回家后的第一件事情就是让妈妈拍视频。妈妈转达了许老师的话，她却对妈妈说，今天的事情要今天完成，不能拖到明天。金诗媛同学晚上 6 点到 8 点半有写字课，上完课回来已 9 点，还坚持认真做作业，这种精神值得我们大家学习哦。

表扬詹轶同学，他这两天发高烧，生病在家，但坚持完成所有作业。詹轶完成作业迅速，字迹端正，上课发言越来越积极，要表扬。

表扬朱峻熙同学每天那么尽心尽责整理数学课堂作业本，一丝不苟。

表扬冯旦晨的数学越来越棒了，一次考了 100 分，一次考了 98 分，习作开始入门了，也越来越会写了。

表扬徐逸航、沈丹宁同学出黑板报很认真高效。虽然第一回出，但像模像样，很有范儿。徐逸航上课积极发言，善于动脑，曾经看书很少的他，越来越喜欢看书了。4月份阅读量达到了一个月60多万字，真的很棒哦！沉浸在书香中的逸航，帅呆了！

表扬全思丞、张熠宸的爸爸都特别用心。孩子相对调皮，每天每一节课都让老师签乖不乖的反馈意见，两个孩子有了明显进步。前两天第一节语文课上，许老师给全思丞写了上课走神，不肯动脑和发言，在第二节语文课上，全思丞马上调整状态，积极动脑和发言了，能懂得自我调整、善于自我控制的孩子总是朝着一个好的方向在发展。

下面我来讲几点温馨提示：

（1）在攀爬区玩耍的时候，一定要注意安全。这一周发现有同学在体育课上想爬杆，请同学帮忙托住，但同学因为年龄小，托不起，结果爬的同学摔下来，幸好没事。请同学们在攀爬区玩的时候，千万要注意安全，老师不在场的时候，一定不能去那边玩。

（2）早晨总有同学迟到。8点前要进教室了。现在天气这么暖和了，天也亮得早，再迟到，有点难为情了。来到晚的也总是这几位，若再迟到，下回就点名了哦。

（3）卫生工作重在保持。尤其是上好美术课后，掉在地上的纸头请各位同学随手捡掉，而不是仅仅靠几位班干部来扫。

（4）五一之后要午睡了，记得带上小被子、小枕头哦。

好的班级，一定是温馨、向上、充满力量的班级，让我们一起在这相亲相爱的鸿鹄大家庭中快乐成长吧！

五一快乐！再见！

7

决定成败，就靠细节
——鸿鹄电台第七期《校园之声》

小主播 琅琅

鸿鹄展翅，才情飞扬。各位听众朋友，大家好！非常高兴又一次在电波中与各位朋友见面，我是你们的老朋友琅琅。欢迎大家收听鸿鹄电台第七期《校园之声》。今天由我来回顾激动人心的第十周的一周纪事。

五一假期后返校虽然只有三天，但还是想说说周三的班会课。马路偌给我们上了一节《快乐成长》的班会课，她落落大方，课堂生动有趣，课件也制作得很精美。若能声音再响亮些，那就完美了。每次，最欢迎的是班会课。许老师觉得同学和家长精心做了准备，值得我们尊敬。希望更多同学能加入到上班会课的队伍中来哦。

假期归来，有点鸡飞狗跳。忘记带小被子，忘记带学具的同学特别多。说明同学们还没形成良好习惯，没有在前一晚按照课表整理书包和学具。细节决定成败。五班、六班的数学老师金老师的儿子高考考上浙江大学，又去新加坡国立大学读博士，现在在新加坡跨国银行工作，拿的是高薪。金老师说，她的儿子一年级开始每天对照课表整理书包，整整六年小学只忘带东西一次。一个人的自我管理能力和整理能力，是综合能力强的一种表现。

语文进行了第六单元的调研，100分三人，分别是朱筮弟、全思丞、李宇玲睿，他们做得很认真仔细。但也有四位同学在90分以下，说明学习的漏洞比较多，还不扎实。请考得理想的同学戒骄戒躁，考得不好的同学，一定要好好分析，不在同一个地方摔跤。

表扬张洪翊同学，他学习效率高，语文、数学从来不加做任何作业，成绩也很好。他上课专心听讲，认真思考，积极发言。他是我班轻负高效的代表之一，我们要向他学习。最难能可贵的是，他特别孝敬爸爸妈妈。五一假期，我和张洪翊一起去户外旅行。全程走的是荒山野林，路很难走，他时时刻刻都在提醒他的妈妈，保护他的妈妈，当看到妈妈摔了一跤后，他很难过，让妈妈走在前面，他在后面保护她。真是一个有担当的小小男子汉。看到他的行为，我真难为情呀，每次出去旅行，我常常冲在前面，不管爸爸妈妈。以后我要好好向张洪翊学习。百善孝为先。让我们一起向张洪翊学习吧。

表扬朱峻熙同学。包干区卫生搞好后，他拿着畚箕，走进教室，看到垃圾筒边有垃圾，没有任何人提醒，马上主动把垃圾打扫了。这一切，都被许老师看在眼中，这就是一种班级主人翁精神。

表扬马路俉同学，他午睡管理认真，管得好，大家安静午睡。

表扬钱之微同学现在做作业越来越抓紧了，上课积极发言。表扬黄佑宸同学，上课积极发言，知识面广泛，特别肯动脑筋，这一点很好哦。

下面我来讲几点温馨提示：

（1）现在班上有两同学得了红眼病，一定要在家中休息满一周才来上学。我们是一个集体，不能只想着自己，还要考虑到其他同学。

（2）接下来一周，周一到周四，许老师去山东的大学学习，要到星期五才能来上课。语文课将由非常认真负责的王老师给我们上。希望我们每一个孩子都要表现好好哦！让许老师在大学里学习，安安心心哦。

（3）让我们一起用良好的表现、认真的作业、优秀的课堂表现回馈许老师，期待许老师快乐回归哦。

谢谢大家收听！下回再见！

8 认真做事，踏实做人

——鸿鹄电台第八期《校园之声》

小主播　斐斐

鸿鹄展翅，才情飞扬。各位听众朋友，大家好！非常高兴又一次在电波中与各位朋友见面，我是你们的老朋友斐斐。欢迎大家收听鸿鹄电台第八期《校园之声》。今天由我来回顾第十一周的一周纪事。

周三，高熙雯给我们上了一节生动的班会课《探索月球》，她落落大方，课堂生动，课件制作精美。同学们参与性高。高熙雯现在的语言表达能力越来越强了，很棒哦！

这周，许老师去山东的大学学习一周，大部分同学经受住了班主任不在的考验，认真学习，认真做作业，安静午睡，认真听讲，但也有不少同学出现了各种各样的小问题。有为小事吵架的，有往厕所扔餐巾纸的，有午睡打暗号的……许老师周五回来之后，一一进行了教育。首先表扬陈铭佳同学，每天认真管理，认真记录，每天晚上把我们一天的表现通过写信的方式发给许老师，富有责任心。马路傺同学连续两周管午睡，也很认真。

从本周五开始，我们的班级图书角开始运行，请各位同学爱护同学的书本哦，一周一借，争取在一周内看完一本书。

通过这四天的上课，同学们肯定都喜欢上了王老师吧！不但认真负责，课上得生动有趣，摄影技术还高，给我们拍了美美的照片。下面，让我来给大家介绍一下王老师吧！王老师是一位来自安徽的90后大学生，毕业于工商管理专业，大学里自己参加社团学习美术和摄影，后来因为喜欢专门学习美术和摄影。他从小由外公带大，现在在常乐书院教育培训中心做老师，马上要开摄影工作室了。当然，这样的经历不足以说明什么，现在在教育培训中心做老师的年轻大学生很多，喜欢摄影的年轻人也很多，但像王老师一般，对待工作有热忱又负责的老师还真不常见。我们学校的老师如果外出，请到王老师代课会觉得特别高兴和放心。因为王老师虽然来代课，拿的是微薄的代课金，但他上课、批改作业认真负责，他还会去仔细钻研教材。这几天，他到我们班来代课，提前向许老师要了课本，三篇课文上密密麻麻记录了知识要点，每天认认真真上课，批改作业，帮助管理班级。他每天把我们的表现，知识上的不足，存在的问题，以及做得好的地方，全都罗列记录下来，发给许老师，让许老师对我们一天的表现做到心中有数。

王老师的为人处世也特别值得我们学习。只要王老师来学校代课，他总是早早地来上班，给办公室打扫卫生，烧开水，见了每一位老师都热情地招呼。我们学校里的每一位老师都很喜欢他，都夸他智商、情商特别高。二班李老师退休了，他还送来了鲜花，祝她退休快乐。许老师说，很少见到一位年轻人对工作如此认真有激情，哪怕只是来代课，也做到了极致。王老师真的值得我们每一位同学学习哦，认认真真做事，踏踏实实做人。

表扬魏辰同学上课积极发言，发言的内容精准，语言表达能力强。表扬邵心近同学学习成绩稳定。

下面我来讲几点温馨提示：

（1）有几位男生喝了养乐多后把瓶子当足球踢，不文明，希望下回不要再有这样的行为。

（2）有同学在走廊里吃饭，吃好了也没及时放餐盘，希望同学们注意，不要在走廊里吃饭。打好饭菜，要在座位上吃。

（3）午睡时，请准备要快，尽量不要多翻身，越翻越睡不着，只有静下来，才能很快入睡。午睡起来，折叠被子，把它放在椅子底下，放整齐。

今天我就讲到这儿，期待下回继续相约，再见！

9 学会理财，理性花钱
——鸿鹄电台第九期《校园之声》

小主播 琅琅

鸿鹄展翅，才情飞扬。各位听众朋友，大家好！欢迎大家收听鸿鹄电台的《校园之声》，我是你们的老朋友琅琅。今天来回顾第十二周的一周纪事。

这是非常炎热的一周，高温天气，一阵阵热浪滚滚而来，但我们还是克服了困难，努力学习。

魏王珺同学带领我们上了一节《认识货币》的班会课。犹太人是全世界最富有的民族，拥有全世界三分之一的富豪，他们也特别喜欢读书，刚出生的小孩都会舔一下涂着蜂蜜的书籍。我们通过读《希利尔讲世界史》知道，犹太民族两千多年前是被驱赶的流浪民族，但他们也是最智慧、最富裕的民族，获诺贝尔奖最多的民族。爱因斯坦、弗洛伊德、马克思、卓别林等世界大师都来自犹太民族，这真的是一个伟大的民族。他们除了推崇看书，喜欢阅读，还让小孩从小接受货币教育，从小学会理财，财商教育是犹太教育的一大特色。谢谢魏王珺给我们上了这节课，希望我们都能有理财的意识，不乱花钱。

上周，我们进行了数学口算选拔，选出了速算王和口算小达人。数学老师吕老师说，三班的正确率实在太低了。四班15位口算小达人划到第十七名，三班居然要划到第三十一名，又快又对是非常重要的。其实，我的速算正确率也还有问题，这一次是运气好。（注：小主播在节目播出前正好拿了班级速算王。）同学们，让我们一起加油吧！

上周，我们进行了语文第七单元的调研，整体情况不尽如人意，90分以下的超低分多达五人，其他班级也就一两人，不好好读题，不认真思考，看的书不多，学的基础不扎实，导致有的同学低分频频出现，希望同学刻苦努力，认真思考。

表扬陈誉同学，他上课认真听讲，积极发言，数学口算快，正确率高，语文也很棒，尤其是他的习作，写得又快又好。

表扬章佳一同学，他因为红眼睛在家休息了两周，每天积极做作业，语文第六单元、第七单元却考出了98、99的高分，他不来上学，却能考出高分，真是让我们这些天天来读书的同学汗颜，我们要向章佳一学习。

表扬李赞同学现在越来越自信了，学习成绩也越来越棒了，她在体育上的觉醒，也激发了她学习上的动力。许老师去山东学习，山东省的教育副厅长指出了体育运动对一个孩子生长发育的重要性，好多全国闻名、升学率高的学校的校长也都不约而同地讲到了运动的重要性，希望我们班的同学热爱运动，热爱学习，能有一个棒棒的身体。

我来讲两点温馨提示：

（1）我们公办学校午睡条件差，但一代又一代的北港学子都是这么过来的，睡不着，那就闭着眼睛养一下神。

（2）《希利尔讲世界史》马上要读完了，有家长来问，接下来读什么？接下来一批阅读量少的孩子不再进行共读，每天看自己喜欢看的浅一点的书籍。其他的同学阅读《希利尔讲世界地理》。三年级时，不再进行共读，让每一位同学每天自由阅读半小时。

今天的《校园之声》就说到这儿，再见！

10 做好自己，不断挑战
——鸿鹄电台第十期《校园之声》

小主播 斐斐

鸿鹄展翅，才情飞扬。各位听众朋友，大家好！非常高兴又一次在电波中与各位朋友见面，我是你们的老朋友斐斐。欢迎大家收听鸿鹄电台第十期《校园之声》。今天由我来回顾第十三周的一周纪事。

鸿鹄爸爸讲堂，请来了黄佑宸爸爸。他为我们讲了《日本小学生的一天》。日本国民素质高，经济发达，小学生守秩序，不剩饭菜，环保意识和节能意识特别强。日本学生参加集会后，地上没有一点儿纸屑、垃圾。我们真的要好好学习。我们的一些孩子，发个本子不愿多走几步，直接扔到同学桌上，丢个垃圾，在三米外当飞镖练，每天垃圾桶边上都有垃圾，垃圾袋子掉落了，也不肯伸手装一下，放个盆子腰不肯弯下来……请我们的同学对照一下自己的行为，文明吗？谢谢佑宸爸爸为我们上了这么生动的课，让我们学会了反思，学会了对照。如何做让自己变得更强？如何做让我们的班级变得更强？同学们，让我们一起来做高素质、文明的小学生吧！同时，也欢迎更多的爸爸参与到我们的爸爸课堂中来。

许老师给大家推荐了《给孩子的50堂情商课》一

书。这是一本值得家长和孩子一起读的好书。情商高的孩子成大器。受人欢迎的孩子，大都是情商高的孩子。为什么有的孩子在同学中很受欢迎？比如说我班的宋予栋，学习成绩暂时不占优势，然而他却在竞选小队长中脱颖而出，以比较高的票数当选，因为他是一位体贴、乐于助人、爱帮助同学，从不与人发生矛盾的同学，他的高情商赢得了同学们的喜爱。有些同学，学习成绩挺不错，许老师却常常收到同学的投诉，投诉他们处理不好同学之间的关系，甚至还有两位男生与其他班级同学发生纠葛，这就需要在情商上努力努力了。好好地读读这一本书哦，你会有很多的收获！

表扬全思丞同学，在爸爸的鼓励之下，现在听课、作业、成绩和与同学交往上，明显成熟了许多，越来越像个小小男子汉了。钱予泽同学的文章，越写越好，从原来的写不通一句话，到现在现场习作佳句连连。在妈妈的陪伴下，钱予泽不断努力，取得了明显效果。李鸿煜同学现在上课积极动脑，发言精彩。张舒元的足球技术王老师赞不绝口，在年级里独领风骚，他上课发言精彩，数学成绩除了第一次不是100，其余的次次100，且专注听讲，爱思考，具有学霸潜质。金乐轩、吴天欣的字棒棒的，批阅他们的作业感觉特别舒服。如果你想得到老师的喜欢，首先从写好字开始哦！沈丹宁、张书瑶、邱金依柠、沈嘉懿上课时，总把小手举得高高，现在爱思考、乐表现了。胡峻瑶一直在努力中，字迹漂亮，不断挑战自己，速度有了明显提升。

挑战自己，战胜自己，真的不是一件容易的事情，让我们一起努力吧！让我们一起做最好的自己！一点一点朝向更美好！

下面我来讲几点温馨提示：

（1）在数学考试时，有个别同学发生了传纸头问答案的问题。希望同学以后要避免此类情况，考卷难，题目做不出，确定不了答案，那就静下心来，反复地读题，找出已知条件，思考才是王道。而被传纸条的孩子，面对同学的不良行为，最应该做的就是不理睬，不应答。希望我们从小能具有辨别是非的能力。

（2）听到铃声，安静落座。午睡入睡快，在 50 分钟之内得到充分的休息，才能养足精神上下午的课。

（3）8、21、22、14（学号），抽屉特别乱，请家长关注引导孩子的整理能力。管住自己的文具，管住自己的东西，管住自己的抽屉，管住自己的方寸之间，你就会越来越棒。下周继续关注抽屉整理，做得不好将继续点名。

今天我就讲到这儿，期待下回继续相约，再见！

第四章　暖暖的家校沟通：
　　　　家校携手共同点缀班级生活

CHAPTER 4

携手家长朋友，共同经营建设良好集体：友善、互助、积极、向上，有家委会核心家长的辛勤付出，有义工家长的忙碌身影，有活动庆典的丰满灵动。家校联动，事半功倍。班级，因你而美妙！

1

建家委会，事半功倍

每一次带班，无论在乡村抑或城镇，我总能幸运地遇到一批热心又热情的家长。

从第一批在同福中心小学任教时的平妈、谈妈到中山路小学的炜妈、凡妈、超妈、笑爸、青爸、存妈、煜妈、蝶妈。来到百年老校——北港小学，我把"家长课程"作为带班必开发的一门课程（详见《小学班主任与家长沟通之道》，中国轻工业出版社）。蓓妈、乐爸乐妈、颖爸、翼妈、韬妈、楚妈、澄妈……一位又一位暖心的爸爸妈妈，协助管理班级，帮助打扫教室卫生，帮助策划活动……他们利用自己宝贵的业余时间，为班级忙碌，无怨无悔为孩子们付出。一位又一位热心家长不计一分报酬，不求回报，为整个班级、孩子服务，宛如手中拿着一把把闪烁的星星火炬，照亮了我所带班级的前方，照亮了孩子们的前进方向……他们的热情也唤醒了我对教育的激情，彼此辉映，彼此交心。

有了这些热心家长们的辛勤付出，我所带领的班级亲子活动颇多。烧野饭、亲子生日盛典、男女生节、小红军体验、毕业庆典等，一个个活动就是一个个别有特色的小课程。在一个又一个活动中，家长与家长之间，家长与老师之间，孩子与孩子之间，心灵相犀。直到现在，我依然有幸与许多早已毕业的孩子们、家长们保持着亲密又友好的联系、沟通。每到教师节、中秋节，总有家长们、孩子们的惦记，我体验着职业带给我的深深幸福感和成就感。

9月，又到一年新班季。

我给全班55位家长发了报到的信息。我们的家长，连回复信息都这么有教养：要么在信息中问好，要么在末尾说上一句谢谢。阅之，让我这个发信息的人心中暖暖的。浙江省著名青春期教育专家、省班主任工作室的主管老师韩似萍说，从一个人回复信息的内容上，可看出一个人的素质和教养。

我很幸运，又一次遇上了一批高素质的家长们。

每一位家长对自己孩子的教育理念不同、要求不同、期望不同，做老师、做班主任的想要每一位家长都满意，几乎很难做到。做老师的，只求自己尽力而为。

开学初尤其忙碌，又是去海宁参加新课程培训，又是去城北开会。桐桐妈妈、桐桐外婆连同孩子，以及琅琅爸爸一起给我们班级打扫卫生、分发新书。桐桐妈妈还特意请了假。

当我在微信中发出想做个简单席卡的信息，熙雯妈妈很快就与我说愿意试试。昕玥妈妈在群中说，她有模板她来做。很快，昕玥妈妈就做好了。

天乐爸爸、翌展妈妈、漪静妈妈、昕玥爸爸……都热情地与我说，许老师，若班级有什么需要帮助，尽管说。一股股暖流汩汩流淌。为了自己的孩子，再忙碌，再辛苦，他们觉得都值得。家委会，的确需要一批有热情和激情的爸爸妈妈们。

我想，再忙碌，我要尽快组建班级家委会，尽快让我们班级的活动开展起来，尽快添置一些班级需要的日常用品，比如书架、桌布等。

说行动就行动。

在与这几位家长取得联系、沟通后,我建立了103班家委会群。毕竟这是一个需要家长在业余时间付出心血和汗水的组织,没有一分报酬,甚至来回车钱等还需要家长自掏腰包。一些活动策划,又会花费许多时间和精力,又要承担一些责任和义务。这真的是一个光荣又任务艰巨的群众组织。

我知道,有的家长很关注自己的孩子,但不善于与老师打交道,自己的热情没有机会在老师面前流露;有的家长的确是因为工作繁忙,没有办法,挤不出时间;好多家长,又刚生二毛,分身无术……

因此,我在群里发了一个说明:每一位家长也都是我们班级的主人,若有什么好点子或好策划,请及时与家委会沟通。若有热情加入这个团队的,我们将非常欢迎。敬请绝对放心,任何一个孩子在班级的受关注和呵护程度,不因爸爸、妈妈是不是家委会成员而受一点儿影响。

鸿鹄班第一届家委会名单

会长兼校家委会会员:朱天乐爸爸

秘书长:高熙雯妈妈

外联委员:黄佑宸妈妈

沟通委员:缪漪静妈妈

活动委员:唐翌展妈妈、陈铭佳妈妈

财务委员:贾斐斐妈妈

后勤委员:朱钱昕玥爸爸

注:每一届任期暂定三年,有意向可继续连任。

家委会会员职责

热心为班级、为同学服务。做好家庭与学校、班主任、科任老师的沟通,积极开展各种活动,在活动中培养孩子们的能力。

核心家长的各项主要职责:

1. 会长：全面统筹家委会的工作，主持好家委会的会议。
2. 秘书长：协助会长开展班级活动，负责各项事务的联系。
3. 外联委员：统筹班服，积极联系班级活动所用场地。
4. 沟通委员：当学生或家长有不明白的地方，做好与班主任、科任老师的沟通及解释。微信群、QQ 群的值班分配。
5. 活动委员：家长进课堂等班级活动的策划和组织。
6. 财务委员：各种班级经费的管理，各种开支账目的记录及公示。
7. 后勤委员：添置班级活动用品，做好服务工作。

家委会第一次会议已经召开，班级活动已在紧锣密鼓地策划着。期待鸿鹄班第一届家委会带领小鸿鹄、大鸿鹄们播撒友谊的种子，和谐、明媚、阳光地驰骋在美好的蓝天中。

附录：

鸿鹄班召开第一次家委会会议

开学伊始，在许老师的指导下，我班成立了家委会，以进一步增进家长与学校、老师之间的沟通，充分调动广大家长参与学校共建的积极性，全力协助老师做好班级工作。

2016 年 9 月 23 日晚，在桐乡某茶馆，我班召开第一次家委会工作会议，邀请班主任许老师参加。首先各家委会成员做自我介绍，然后全体家委会成员对班级的活动及工作纷纷献计献策，初步制订了一年级上学期工作计划，内容如下：

1. 不定期召开家委会会议，充分发挥桥梁纽带作用。积极配合学校、与家长沟通，发挥学校、家庭之间的桥梁作用，促进孩子健康、全面发展。
2. 积极参与协助学校的各项重大活动。积极筹划期末汇报演出的相关事宜。
3. 积极参与协助老师的日常工作。根据老师的要求，商讨如何帮助孩子养成良好的行为规范和学习习惯。

  4.不定期组织亲子活动。经初步商量，第一次活动定在乌镇的太师山庄，让孩子们当一次小小特种兵，学习独立生活，增强团队精神及吃苦耐劳的精神。后备活动内容包括参观传媒学院、凤凰湖一日游等。下一步还需做好相关活动的活动方案，并积极组织好各项活动。

（高熙雯妈妈）

2 亲子活动，拉近距离

这是一个期待已久的日子。

这是一个快乐的日子。

这是一个激动人心的日子。

期待已久的鸿鹄班建班以来第一次亲子活动开始了。

第一次家委会会议上，家长们共同决定开展一次大型亲子活动。几经考虑，家委会决定去乌镇太师山庄，组织小小特种兵体验活动，蛮走心。

展妈为本次活动的主要负责人，缪妈负责联系活动方。家委会群中多次商量探讨，发倡议书，组织报名、统计、就餐分组。怕大多数80后家长不会烧饭，在班级微信群中每组招聘了一位大厨。

一切准备就绪。

10月16日，一个美好的秋天，阳光明媚，桂花飘香。北港小学103鸿鹄中队的小鸿鹄们，一个个面带微笑，兴奋地聚集在大运河边的太师山庄。103人，这真的是一个不小的数字哦。

看一个个孩子，欢呼雀跃，一张张小脸红红的，欢喜得很。

展妈点名。人数到齐后，教练开始让孩子们穿上特种兵的迷彩服、炫彩服。穿上特种兵的衣服，孩子们一个个神气得很，脸上再涂上点绿色油彩，戴上帽子，一个个宛如正在热带雨林里执行任务的小小特种兵。

在两位军官的带领下，学生们分成两个连队，在不同地点先进行了队列训练。列队、向前看齐、向后转……对一年级刚入学不久的小学生来说，还挺有难度。但一个个不怕苦、不喊累，坚守岗位。

家长后援团们分组去为小特种兵们准备伙食了。这些平素在家不怎么干活的年轻爸爸妈妈们，烧火的烧火，杀鱼的杀鱼……一个个使出了杀手锏。诚斌爸爸是一个餐馆老板，一人承包了两个组。超级主厨闪亮登场，组内爸爸妈妈们积极当好助手。说说笑笑，好不快活！

最激动人心的是，小特种兵们一个个挎上了仿真枪，在军官指导下兴奋得如出了笼的小鸟。他们戴上防护眼镜，啪啪啪打了起来。

军官把第一连小特种兵们分成两支队伍，一支闪电突击队，一支海豹突击队，组长扛着大大的红色旗子，去密林深处开战。一个个小特种兵装上子弹，全副武装，冲上前去，向"敌人"进行扫射。子弹"哗哗哗哗"地飞射，两支队伍交战，不时利用树林掩护，进行实地枪战对抗演习。小特种兵们，一个个像模像样，互相开战，大喊过瘾。

连打半个小时，一个个特种兵们还不舍得离开现场。

无奈另一个连队等得不耐烦了，他们只好交出了枪，先去看小羊了。

第二轮枪战开始了，又一阵枪林弹雨。这一轮，一方队伍基本都是女生，只会防守，没有进攻。对方全都站在面前开枪。爸爸妈妈们连忙指导要利用丛林掩护，于是女特种兵们一个个勇敢地往前，向"敌军"攻击，"敌军"不甘示弱，双方火力猛攻……

家长后援团们早已烧出了美味可口的饭菜，等候特种兵们凯旋。小特种兵们围坐在一起，狼吞虎咽。爸爸妈妈们围坐在一起，开始品尝自己的劳动成果。

吃好中饭，短暂的休憩之后，在军官的带领下，家长和孩子们在室内分成了八个小分队进行了趣味亲子运动会。过河、跳绳、接乒乓球……阵阵笑声回荡在太师山庄的上空，家长、孩子们玩得意犹未尽。

最后，军官为小特种兵们颁发奖状。合影留念。

一天的特种兵生活体验圆满结束了。孩子们一个个意犹未尽，纷纷期盼着下一个活动。

3 灯下共读，爸妈行动

读书吧，读书让我们进步，读书让我们精神富足。部编版教材尤其注重孩子们的阅读，和同学一起读，和老师一起读，和父母一起读。多种形式的读，目的只有一个，拯救孩子们的阅读，唤醒孩子们的阅读兴趣。一个孩子若没在小学阶段养成阅读的习惯，大抵一辈子不会阅读了。也许这样的话有点偏激，但在小学里，让孩子爱上阅读真的是每一位语文老师该竭力去推广的事情。

为了给班级创设浓浓的阅读氛围，鸿鹄班家委会给班级配备了书架。中秋节放假的最后一天，朱天乐爸爸、朱钱昕玥爸爸特意赶到学校安装好书架，并在走廊上晾晒了一晚，去除小味道。

在我的召唤下，每一个孩子都从家中拿了一本绘本，贴上自己的名字，放在书架上，充实我们的书架。

一个散发着书香的书架，在教室的一隅，每天温润地朝一只只小鸿鹄们微笑。

每天早晨，一到学校，放下书包，小鸿鹄们排队去书架上拿绘本，坐在座位上，静静地阅读着。一开始，小鸿鹄们只会看看图画，两三分钟就去书架更换。

后来我说要静静地阅读，慢慢地看，一个早晨，最多只能更换一本。

瞧，我们的小鸿鹄们，捧着书本，有时和同桌一起津津有味地阅读着，有时独自慢慢地看。小鸿鹄们时常会交流，这本书如何如何好看，那本书如何如何好玩……阅读，是需要浸润和影响的。

当我吃好早饭，来到教室时，只见我们早来的小鸿鹄们阅读得非常专注，取书也没有一点声音。这样的画面，我真的非常喜欢。

8点10分上课音乐响起，小鸿鹄们把绘本放在书桌边上，等待书香组长收回，再放到书架上。看，一个个书香组长，理得整整齐齐。

茶余饭后，作业做好后，小鸿鹄们从书架上拿起了一本本绘本，滋滋阅读。那幅情景，和谐又美好。

为了创设家庭亲子阅读氛围，鸿鹄班家委会从网上购买了阅读存折。清新苍翠的四叶草，充满生机和活力，那是属于我们每一只小鸿鹄的养分。我用水笔端端正正给每一个孩子书写了名字，开户地点写上了北港小学103班。今天我们给孩子的童年存下一本书，明天会给孩子更多的精神上的富足，更多的灵秀和智慧。

阅读，不是只为语文，更为孩子人生富足和精神上愉悦奠定下基础。

发下阅读存折。我在校信通上叮嘱，9月开始记录，尽量坚持睡前亲子阅读，操作员写"爸爸"或"妈妈"。

阅读存折只是一个媒介，只是一个推动，只是一个手段。我也深知，已经行动的家长早已行动，没有阅读存折一样在行动。我只是希望这份阅读存折能够给原本没有阅读意识，或压根儿没想到阅读的家庭，或原本认为阅读可有可无的家庭一个推动。我们一起推着往前走。

有一天批阅阅读存折时，我感到非常惊喜和欣慰。最出众的杨陈蓉25天阅读了39本，共有28个孩子阅读了20本以上的书，生均阅读量25天达到了15本。当然，阅读量最少的孩子一本也没有，也有的孩子只阅读一本两本。我马上与家长取得联系，询问原因。家长朋友告诉我，家中没有绘本。我告诉他们，可以去桐乡图书馆借阅。家长说马上去图书馆办卡。不管是一本还是两本，有了阅读存折的批阅，对家长来说多少是一个推动。

　　看，我们的妈妈们孜孜不倦。王东华说，推动摇篮的手，就是推动世界的手。大部分阅读存折上写着"妈妈"两个字，当然也有一小部分家长因没有领会我的精神，写了家长的名字或干脆没有写。没有关系，只要我们行动起来了，就比什么都要重要。

　　阅读存折上，看到了缕缕曙光。笈弟爸爸、天乐爸爸、佳一爸爸、舒元爸爸、昕玥爸爸、魏辰与高辰爸爸、铭佳爸爸，七位书香爸爸崭露头角。

　　在笈弟读一年级之前，爸爸给他读的绘本只有10本左右，最多不会超过20本。若读，也只是任务性的，一个人噼里啪啦，只求把书读完，根本不管孩子是不是在听，不管是否对孩子有效。而今，许多个夜晚，爸爸守在一盏台灯下，陪着孩子一起共读，他读一页，孩子读一页，有的时候，爸爸读，有的时候孩子读……书声琅琅，书香爸爸，温馨宁静。

　　中秋假期，天乐一家去天目山度假。三天时间，爸爸给孩子读完一本《鲁滨逊漂流记》。我在微信中看到天乐父子俩趴在床上，小帅哥甩着小脚惬意地听着爸爸读书，这一份祥和、温馨，流露出来的满足，是多少高档玩具也替代不了的。

　　佳一爸爸是一位医生，平时工作繁忙。但是只要一有空，就会捧着书本，和孩子亲子共读。佳一的妈妈告诉我，父子间感情更深了，关系更和谐了。

　　昕玥爸爸一直是一位书香爸爸，从孩子小时一直到现在，坚持着，阅读着。我相信，所有凝聚，总有一天会如小宇宙一般爆发。

　　子昕阅读的书籍超有品位，每天坚持听《科学家的故事》。细心的熙雯妈妈，每一本绘本记录得那么仔细和认真。缪漪静中文系毕业的外公也闪亮登场，为孩子阅读。金煜翔妈妈非常享受与孩子在一起的亲子时光，每一次的写绘作业宛如一幅精品，每一天的亲子共读，和谐美好……太多太多的美好细节，太多太多的温馨时刻，每天在我们鸿鹄家庭中上演着，让人欢乐，给人以温馨。

批存折，写简单评语，登记，写奖状，发奖状，给书香小鸿鹄们拍照……所有这些，花费了我近两个小时。那晚，我把所有阅读存折带回家中，细细欣赏，批阅、登记……

忙碌着，但我依然很高兴，因为我把全班所有美好的亲子时光捧在了手中，细细欣赏、品味。

班级阅读氛围已悄然形成，令人高兴的是，爸爸妈妈们已在行动，我们的家庭日益散发着书香。

让我们快乐读书吧！

4 迎新活动,展示经典

元旦,象征着新的一年美好开启。一年之计在于头,良好的开端是成功的一半,怎么给鸿鹄班的孩子们元旦的美好祝福呢?我早早开始动起了脑筋:整整一个学期,我们利用早晨、中午等时间吟诵了《弟子规》《笠翁对韵》,以及《经典诵读》中的古诗词,每天早上,书声琅琅,余音绕梁。

要不,就安排一次展示活动吧?

对,就这样!

我的倡议也得到了家委会的拥护,家长们纷纷表示这样的活动有意义,支持!佑宸妈妈说,地点可以定在桐乡市道德馆,她可以帮助联系。

说行动就行动!

那选谁当主持人呢?第一次大型现场主持,可要好好训练哦!男生嘛,就选声音响亮清脆的朱笠弟、朱天乐,女生选上课积极发言、口才棒的缪漪静,另一位选高熙雯吧,稍微内敛些,训练一下没问题。

怎么来展示呢?活动要确保55个孩子中的每一位都能上台展示。一个孩子敢于亮剑,敢于展示自己的风采,这是适应未来社会的一种重要能力。鸿鹄班的男生聪明活泼，上课积极发言，思维活跃，女生则大多内敛。我开始了活动酝酿，要不，以小组方式来展示吧！《经典诵读》中的古诗，是按月份编排的，九月、十月、十一月、十二月、一月、二月，共有六个月，那就分六个组，家长负责制。我选了邵心近妈妈、易子昕妈妈、李宇玲睿妈妈、章佳一妈妈、陈铭佳妈妈、张舒元爸爸等六位家长当组长，负责节目。

我马上思考，拟定了一份电子活动通知：

北港小学鸿鹄班2017元旦迎新暨班级经典诵读活动

时间：12月31日 9:30—11:30

   9:30-10:00 先参观场地

   10:00-11:30 迎新诵读活动

地点：桐乡市道德馆

活动策划：许丹红老师

场地、音响：黄佑宸妈妈

活动统筹、服装：朱天乐爸爸、缪漪静妈妈、唐翌展妈妈

主持人：朱笈弟、朱天乐、缪漪静、高熙雯

主持稿撰写：高熙雯妈妈

主持人训练：许丹红老师

节目流程：

1. 全班吟诵：《弟子规》第一到第十三课。训练者：许丹红老师。
2. 唐翌展、贾斐斐作为代表发言，张洪翊爸爸和沈丹宁爸爸送新年祝福。
3. 中华经典古诗诵读精彩展示：

温情九月：组长易子昕，组员沈笑妍、魏王珺、马路瑶、钱之微、夏月萱、缪漪静、冯旦晨、贾斐斐、宋予栋。

金秋十月：组长李宇玲睿，组员钱予泽、邱金依柠、高熙雯、李鸿煜、高辰、朱峻熙、张洪翊、陈张瑞、朱钱昕玥。

灿烂十一月：组长邵心近，组员陈誉、沈欣怡、胡峻瑶、沈佳烨、徐雨彤、詹轶、吴天欣、李赞、孙一立。

绚丽十二月：组长章佳一，组员钱灏、王朱靓、金诗媛、沈丹宁、徐宇梵、杨陈蓉、黄佑宸、黄睿涵。

缤纷一月：组长陈铭佳，组员沈嘉懿、张书瑶、张涵、金乐轩、王诚斌、金煜翔。

雪梅二月：组长张舒元，组员张熠宸、朱容川、唐翌展、徐逸航、全思丞、魏辰、朱天乐、朱笈弟。

节目负责人：组长及他的家长。

（组长先进行自我介绍，可携带道具，在吟诵这个月的古诗的基础上，可请组内有舞蹈才能的孩子伴舞，或结合武术、跆拳道、古筝、笛子等，不限形式，别出心裁，时间为三分钟左右，请组长家长尽快建群，双休最好抽时间排练一次。）

4.《我站在祖国地图前》诗朗诵：缪漪静、钱灏。

5. 走秀表演：徐宇梵。

6. 武术表演：朱天乐。

7.《笠翁对韵》展示（部分孩子，许丹红老师负责）。

在《新年好》的歌声中结束活动。

我把上述活动通知发到班级群中，交代各位组长家长各自拉群，精心准备，可配乐、可伴舞，形式不拘一格。

各位组长家长真是负责，双休日都在精心组织排练，有的配上优美的舞蹈，有的配上黄色的耀眼扇子，有的配上队形变化……微信朋友圈中不时看到小组排练的身影，看得出孩子们很喜欢这样的活动，家长朋友也热心支持这个活动。

收到熙雯妈妈的主持词后，我做了精心修改，改后更加符合小学生语气，我给四个孩子的主持内容分好工，打印了四份，告诉他们，先回家读熟，争取早点能把自己那份主持稿背出来。

到底是才思敏捷的孩子,三天后,主持稿已读得很熟了。我利用中午、大课间活动等边角时间,对四位主持人进行精心训练,从语气、语调、停顿到动作,一遍又一遍训练,有时候累得嗓子冒火,但看着小主持人们一遍比一遍进步,内心充满了喜悦和快乐。

我们在走廊上训练,在四楼报告厅里训练,在无人的教室里训练……美好的时光悄悄流走,孩子们的主持功力与日俱增。虽说才读了一个学期,很快都能主持得像模像样。其中一位在抑扬顿挫和语感语调上弱点,我单独为之开了两节课的小灶,加强个别指导。看着孩子一点一点进步,我由衷地高兴。享受成长,取得进步,这不正是这一次迎新活动的宗旨吗?

在孩子们的翘首期盼中,终于等到了元旦这一天。那天早上,等我到达桐乡市道德馆,家长和孩子们早已在场,一个个欢乐得如同一只只小鸟,穿着本次活动统一购买的红白相间的汉服,有的还化了淡淡的妆,充满了节日的喜悦和兴奋。前来参加活动的不仅仅有爸爸妈妈,还有弟弟妹妹甚至爷爷奶奶,一百多号人,把桐乡道德堂活动室挤得水泄不通。

工作人员带我们参观,并作热情讲解。

正式表演开始了,戴着耳麦的四位小主持人闪亮上台,家长朋友们一个个屏息凝神,认真观看。一组又一组,哇,太有创意了!瞧!孩子们手中的道具琳琅满目,有的拿着黄黄的大扇子,有的拿着长长的棍子,有的配上精彩的舞蹈……观众们睁着一双双赞叹的眼睛,投入地观看着,欣赏着。

唐翌展、贾斐斐的发言很是精彩,才一个学期,两个孩子站在台上没有一丝胆怯,落落大方,脱稿而讲,把家长朋友们看呆了。丹宁爸爸和洪翊爸爸也上来发言了,他们代表了全体家长朋友们的心声——一定好好陪伴孩子,享受孩子的童年,陪伴孩子一起快乐成长。

在孩子们边拍手边齐声歌唱的《新年好》的歌声中,本次迎新经典诵读活动圆满结束。

美好的回忆留在童年的沙滩上。

5 班艺术节，线上共赏

北港小学是一所文化底蕴深厚的百年名校，学校的办学理念是培养阳光健康，学有所长的孩子。

一、二年级学校采取的是快乐游考的方式，除了语文、数学的学科素养考查之外，还有个人才艺的展示环节。

怎么展示才又轻松又方便又有创意呢？我开始动起了脑筋，能否借助现代化的媒介——鸿鹄班的班级微信群，在线上让孩子用视频的方式进行展示呢？微信群便捷，上传短视频方便，只需有网络，观看也方便。

灵光一闪，说行动就行动，我决定线上举办首届班级文化艺术节。

班级文化艺术节为期三天，共三台大戏：鸿鹄音乐盛典（乐器专场）、鸿鹄诗舞大会（诗朗诵、舞蹈专场）和鸿鹄希望之声（综合专场）。我落实了三位主持人——唐翌展妈妈、钱之微妈妈、朱天乐妈妈，三位年轻漂亮声音又好听的妈妈负责节目的报名、主持、串联词。

我让家长朋友选择孩子最擅长、最感兴趣的一个专场，家长负责拍摄孩子四分钟之内的才艺视频。为了营造一种正式上场的感觉，我告诉家长朋友，拍摄才艺视频时最好能着正装。

6月28日晚上7点，在鸿鹄班班级微信群中，在唐翌展妈妈的语音主持下，鸿鹄音乐盛典隆重举行。

"各位亲爱的鸿鹄班的老师们、家长朋友们、小朋友们，晚上好！"唐翌展妈妈亲切的开场白，拉开了第一场鸿鹄音乐盛典的帷幕。

"下面请沈笑妍小朋友闪亮登场，她将为大家带来钢琴曲《盼红军》。"翌展妈妈的语音刚刚结束，微信群中出现了笑妍妈妈发上来的钢琴视频。我用手指轻轻点开，只见视频中的笑妍穿着一件洁白的连衣裙，头上系着一个粉红的蝴蝶结，化着淡淡的妆，别说多雅致可爱了。她先深深一鞠躬，再缓缓地坐到琴凳上，慢慢地抬头，如行云流水般地演奏着。身子微微地往前倾，不时随着琴声微微摆动，左右手如不停翻飞的蝴蝶。她那副陶醉享受钢琴的样子，我们看呆了，怎么可以弹得这么好呢？

随着主持妈妈的语音主持，家长朋友上传着四分钟之内的才艺视频，有欢快潇洒的钢琴演奏，有柔美悠长的古筝表演，有纯净明亮的笛子演奏……虽然小小年纪，学艺时间不长，但一个个演奏得有模有样。全班家长、孩子们都沸腾了，受到强烈感染。

以满怀期待之情，热切期盼着第二场演出。

6月29日晚上7点，在钱之微妈妈的语音主持下，有舞蹈、诗朗诵才艺的孩子纷纷有序上传视频。激情奔放的拉丁舞，活泼可爱的儿童舞，优雅美丽的民族舞，以及孩子们绘声绘色、声情并茂的诗朗诵把线上的晚会掀起了一个又一个高潮。

6月30日晚上7点，在朱天乐妈妈的语音主持下，综合专场隆重上演。有虎虎有生机的跆拳道、武术表演，有安静的画画、写字展示，还有挥洒汗水的足球、乒乓球等运动项目的展示……

整整三个晚上，全班所有的孩子、爸爸妈妈以及爷爷奶奶外公外婆们，共同聚集在班级微信群，观摩每一个孩子的才艺视频。佳一的弟弟还小，尚在读幼儿园，看到有这么多哥哥姐姐弹钢琴，心生羡慕，就对妈妈说：我要向哥哥姐姐学习，我要学钢琴！我要学钢琴！爸爸妈妈拗不过他，从此，他也踏上了学习钢琴之路。

掌声、鲜花、赞叹声不绝于耳。一个个孩子都学有所长，那么阳光自信。至今，鸿鹄班在微信群已连续召开三届班级文化艺术节。

（1）搭建了展示才艺的平台。

孩子们虽然小小年纪，却一个个演绎得有模有样。在线上举办班级文化艺术节，方便、快捷，不需找场地，不需大动干戈，轻轻松松就给孩子们搭建了展示才艺的平台，激发了孩子们学习才艺的热情。

（2）推动了学生的共同发展。

一枝独秀不是春，百花开放香满园。一个优秀的班集体，是一个彼此推动、共同前进的团队。学习才艺，不是一朝一夕就能成功，需要长期日复一日地训练，随着年级的增长，学业负担的加重，才艺难度也在增加，若没有一个团队的氛围影响，有些孩子难以坚持。班级文化艺术节的平台搭建，每年的汇报展示，既是一年汗水的精彩回顾，也是一年成长的见证。家长和孩子谁都不敢懈怠，在坚持中前进。抱团前进，彼此激励，互相看齐。每年艺术节之后的回顾中，家长朋友往往感慨：这一年的时光我们没有虚度。

（3）让学生立体地享受童年生活的诗意。

有效利用现代媒介——班级微信群，这种线上的班级文化艺术节，丰富了学生的班级文化生活，让学生立体地享受童年生活的诗意，点缀他们的学习生活。孩子们在教室里兴奋地谈论着：哇，孙一立的武术打得真好！哇，唐翌展的钢琴弹得可真好，身体不停地摆动，尽情享受音乐……整整一周，孩子们谈论着，欣赏着，开心着，愉悦着。班级文化艺术节，让班级生活斑斓多彩，这也是班级独有的文化，激发了学生们的班级自豪感。

这种线上的班级文化艺术节，得到了全体家长的好评，既给孩子们创造了展示才艺的平台，激发了孩子们继续学习才艺的热情，又让每一位家长、孩子非常便捷地全方位观摩了班级孩子的综合素质，激发了全体鸿鹄人的班级自豪感。

6 鸿鹄讲堂，协同育人

信息高速公路飞速发展，我们早已进入全民微信的"后微信"时代。班级都有微信群。

除了平时发通知、发文件、发亲子教育心灵鸡汤、发照片等常规使用手段，如何有创意地使用微信群，发挥其家校共育功能，促进家长朋友的互动和互助，形成教育合力，立德树人，更好地为教育服务呢？

在鸿鹄班我们不定期在微信群中开展鸿鹄讲堂活动。什么是"鸿鹄讲堂"呢？就是利用微信群中的语音功能，邀请班上的优秀家长、对教育有独到见解的家长、学生、校外辅导员等来到微信群中，给班上的家长朋友、孩子们作20分钟左右的报告，也称微信群微讲座。

微讲座的时间不固定，一般定于周六晚7点到8点半之间，讲座前一周做好宣传广告，在群内滚动播出。除了主讲人员必须准点到场，其他人有时间的即时收听，没有时间的可忙完事情后再收听。要求在两天内，每一个家庭收听完后，选派爸爸或妈妈作为代表发言，谈感受，感受要发自内心。时间灵活，不给家长工作、做家务带来影响。

鸿鹄讲堂的不定期开展，把在家庭教育上有亮点的家庭的精彩做法、教育理念在群中分享，打破了以往一年一次家长会只能一两位家长朋友发言的单一性，让更多的家长朋友分享自己的先进理念、精彩实践。鸿鹄讲堂主题丰富，有男生的教育商讨，有情商教育的熏陶，有善良品格的培养，有对古诗词兴趣的激发……哪一个家庭的家庭教育有亮点，家长就有机会在这个平台上演讲。

鸿鹄讲堂增强了家长与家长之间的互动，让家长朋友形成反思习惯，促使他们对孩子进行纵向、横向比较，唤醒更多家长朋友对孩子的培育意识。小雯妈妈主讲的主题为"如何借助王芳来帮助孩子打通学习的任督二脉"，当然这个题目是我帮助拟定的。小雯是一位聪明的孩子，属于慢热型，她一年级时在我们班并不突出。某个家长开放日，数学老师讲了算理，让孩子们自己做题。小雯妈妈觉得数学老师已讲得很清楚了，但发现孩子还是不会做，当天，她焦虑地打电话给我，问该怎么办才好。我让她先别着急，慢慢来。后来，她在北京电视台的知名主持人、亲子教育专家王芳老师的公众号中，系统地学习家教课程，拓展孩子的知识背景，帮助孩子用良好的方法进行学习，孩子取得了明显进步。小雯妈妈讲道，国庆节带着孩子去北京卢沟桥景区，让孩子数数卢沟桥的狮子，给孩子讲讲卢沟桥事变，想办法拓展孩子的知识背景。我们班一位浙江大学研究生毕业的爸爸听了她的讲座感慨地说：小雯妈妈讲得宛如《百家讲坛》。我带孩子出去旅游，就是玩，可从没想过要寻找当地的诗词、名人典故。我觉得自己做得很不够，要好好学习！

这样的讲座，宛如一个磁场，深深吸引着家长朋友，推动他们更好前进，也形成了一股教育合力。

我不满足于仅仅只是家长朋友讲，要拓展进入讲堂分享的人员，把品学兼优、学有专长、品质善良、乐做义工、情商很高的学生邀请到微信群中，让他们也来鸿鹄讲堂讲讲，由此带动学生之间相互影响，让他们找到一面可以借鉴和模仿的镜子。我班有一位学生，不爱学习，父母想尽了办法,依然不见效,当他听了微信群中优秀同学是如何定好时间与沙漏比赛,快速做回家作业,他心动了,请求妈妈也买来沙漏定时,每天抓紧做回家作业。他妈妈看到我,双手紧握我的手说:许老师,您真聪明!您组织的微讲座实在太好了,受益的不仅仅是我们家长,还有我家的孩子!

鸿鹄讲堂上,我邀请学生当主持人,为口才棒的学生搭建了展示才艺的舞台。每一次讲堂结束后,邀请全班的所有家庭选派一位家长代表,来聊一聊听了讲座后的感受,确保每位家庭认认真真地进行了收听,并慢慢地吸收、内化为自己的行动,让家长增加互动,彼此互助,协同育人。

7 过成长礼，给仪式感

《礼记·曲礼》曰："人生十年曰幼，学。"人生百年，立于幼学。十岁，人生中的第一个十年，是孩子成长中的一个里程碑。

原本定于寒假前的年会，因繁忙的复习无暇准备，我便决定放在春暖花开的季节。对了，春暖花开的季节，我们的孩子们不是都十岁了吗？我们不是可以搞十岁成长礼吗？在家委会的支持下，我决定在三年级第二个学期的春天给小鸿鹄班过一个十岁成长礼。

55个孩子，确保每一个都能上台，但凡才艺在嘉兴市级以上获奖可以有单独的节目，其他孩子以假日小队为单位表演，至于什么节目，可各显神通，根据小组孩子们的喜好和所长出节目。元旦假期，我在成都旅行都惦记着这件事，很晚还在微信群中呼吁各个小组精心准备，趁寒假有时间抓紧排练。

主持人，选谁？我不愿意老是让那几个孩子抛头露面。这一回，我选了徐逸航、魏辰、朱钱昕玥、贾斐斐担任主持人。为什么每回的大型演出要有四位主持人呢？班上人才荟萃，挑选得出，多安排几位主持人，除了给有才能的孩子搭建平台展示风采外，还能帮主持人们分担些压力，少记点台词。班级每一次大型活动，我总喜欢让主持人脱稿主持，展示孩子们的语言魅力。

除了每个小组出一个节目之外，学相同乐器的同学可搭伙共同演奏，也可自己寻找伙伴搭档出节目。前提是要把表演的视频发给我，我进行相对严苛的审核过关。

其他组，家长发来的一个个视频精彩极了，超乎我的想象；唯有小宇组相对弱势，不够积极。每一回让组长妈妈组织，都说没时间，让孩子们自己在学校排练，本身这几个孩子动作偏慢，哪有时间在学校排练呢？无奈之下，我在会议室里帮助他们排练，练了两三节课后明显有模有样了。

英语情景剧，去省里参加星星火炬大赛荣获银奖作品，道具、服装皆在，可拿来表演。

我把没有节目可以报的孩子组合起来，融入几位朗诵比较出色的孩子，排练诗朗诵《我十岁了》，请如小夜莺一般的金诗媛领诵，这个节目由我全权负责落实排练。

爸爸妈妈也来庆祝小鸿鹄十岁成长礼了。妈妈送舞，爸爸送歌。两大亲子节目定稿后，节目流程正式敲定。

家委会会长昕玥爸爸写了主持词，我进行了润色修改，让主持人们分头准备，我有空时在校给他们排练。从入场到退场，每一个环节细细打磨。对孩子来说，这样的一次活动就是一种很好的历练。

昕玥爸爸用粉红的礼纸打印了十岁成长礼的活动方案，每个家庭一份，让各位家长心中有数。

北港小学303班"小鸿鹄十岁成长礼"文艺汇演活动方案

《礼记·曲礼》曰："人生十年曰幼，学。"十岁，是一个新的人生起点，是孩子成长的第一个里程碑。十岁"成长礼"，亦是"八礼四仪"中很重要的仪式，故在2019年新学期开学之际，举办"小鸿鹄十岁成长礼"

文艺汇演活动,与老师、家长、同学一起见证小鸿鹄们的成长,留下深刻美好的记忆。

一、活动目的

1. 让孩子们回味自己的成长历程,体会父母、老师养育栽培的辛劳,学会感恩。

2. 让孩子们展示自己的才能,体验成功的喜悦,学会珍惜。

3. 使孩子们对自己的人生有所设计,学会担当。

二、活动主题

感恩、成长、立志、飞翔。

三、时间地点

1. 时间:3月24日(周日)下午13:30开场。

2. 地点:桐乡市高级中学。

注:请家长们积极随同观礼。

四、活动筹备、工作小组

1. 节目编排:各小组组长家长、各参演同学的家长。

2. 节目审核:许老师。

3. 节目汇总及演出程序安排:贾斐斐妈妈。

4. 场地联系:魏辰高辰爸爸。

5. 舞台布景:黄佑宸妈妈。

6. 剧务催场:唐翌展妈妈、缪漪静妈妈、魏辰高辰爸爸、朱钱昕玥爸爸。

7. 媒体音响控制:陈铭佳妈妈。

8. 摄影录像:黄佑宸爸爸、朱钱昕玥爸爸。

9. 宣传报道:高熙雯妈妈。

北港小学303班家委会
2019年3月5日

北港小学303班"小鸿鹄十岁成长礼"文艺汇演节目单

序号	表演形式	节目名称	表演者
1	朗诵	《中华颂》	钱予泽 沈嘉懿 冯旦晨 张涵 李鸿煜 徐宇梵
2	英语情景剧	《三只小狼和一只坏猪》	徐逸航 朱笈弟 易子昕 金煜翔 唐翌展
3	吉他弹唱	《虫儿飞》	詹轶
4	武术	《醉拳》	孙一立
5	相声	《地名学》	夏雨萱 陈铭佳
6	钢琴独奏	《指尖律动》	朱笈弟 陈誉 沈丹宁 马路俙 唐翌展 沈笑妍
7	吉他弹唱	《龙的传人》	章佳一 高熙雯
8	诗词串烧	《盼望着》	马路俙 沈欣怡 王朱靓 钱灏 张洪翊
9	琵琶独奏	《高山流水》	李宇玲睿
10	舞蹈	《青花瓷》	陈誉妈妈 黄佑宸妈妈 张洪翊妈妈 易子昕妈妈 金乐轩妈妈 张舒元妈妈 邵心近妈妈 魏辰妈妈 钱予泽妈妈
11	跆拳道	《跆拳有道》	王诚斌 陈张瑞
12	儿童剧	《陶罐和铁罐》	邵心近 陈誉 缪漪静 张书瑶 杨陈蓉 李宇玲睿
13	古筝演奏	《浏阳河》	贾斐斐 钱之微
14	合唱	《读唐诗》	沈佳烨 高熙雯 徐雨彤 黄佑宸 黄睿涵 邱金依柠
15	独舞	《同桌的你》	李赞
16	相声	《大与小》	魏辰 高辰
17	合唱	《亲亲我的宝贝》	王诚斌爸爸 张熠宸爸爸 沈丹宁爸爸 李宇玲睿爸爸 魏辰高辰爸爸
18	朗诵	《我十岁了》	金诗媛领诵

备注:节目主持人为魏辰、徐逸航、贾斐斐、朱钱昕玥。

各个节目负责人紧锣密鼓排练，家委会微信群里一直在商量怎么开展以达到最佳效果。

家委会秘书长高熙雯妈妈提早与我说，想邀请全体科任老师参加，还要给他们送鲜花。我建议，那就把这个环节放在最前面，若有老师提早离席，方便些。

我提早一周在微信群中布置：每一位家庭给孩子写一封沉甸甸的家书，回忆十年来孩子带给家庭的快乐，以及家庭对孩子寄予的期望。我看到朋友圈中，有不少家长朋友在晒写家书的情景。天乐妈妈说，写了满满四大页……

会议地点一改再改：因为有孩子演奏钢琴，我们学校的报告厅无法使用，本想把场地设在洪合，熙雯妈妈单位那儿，但觉得太远，不方便。后来定在桐乡高级中学，也与那边领导说好，敲定了，但因突发事件，无法在那里进行，又想在昕玥爸爸的单位借场地，但恰值体育中考。好在家委会家长朋友资源多，门路广，群策群力，后来定在桐乡市文化馆，台阶式大报告厅，有舞台，有高级钢琴，简直太完美了！

提早一天，家委会家长朋友布置会场，缪漪静妈妈整合PPT到了凌晨两点……看着家委会成员群策群力的团结奋斗，内心觉得很温暖。唯有更努力，才能不辜负！

期待中的美好日子终于到了，孩子们打扮一新，四位主持人盛装出席。看，男生帅气阳光，女生卓姿可爱，一站在台上，气场全开。

孩子们事先没有任何彩排，但在家委会朋友的疏导下，出场、入场秩序井然。儿童剧、相声、钢琴独奏、古筝演奏、吉他弹唱、英语情景剧、武术、跆拳道、舞蹈……节目精彩纷呈，令人不由得感慨：一个个节目怎么可以这么精彩呢？

我上台进行班主任致辞后，进行最关键、最精彩的感恩环节。

我拿起话筒，指挥道：来，陈铭佳上台，带领全班同学一起宣誓。

当听到我这么说，身着大红衣服的铭佳上来了，她举起了右拳，孩子们一个个齐刷刷地握紧了右拳，并高声宣誓：

十岁的宣言

十岁,是迈向少年的一个关键;
十岁,是心智成熟的开始。
十岁的我们,
应该告别淘气,告别顽皮。
做一个会体贴父母,关爱他人的人,
学会以实际行动来回报祖国、回报学校、回报父母、回报老师……
懂得自尊、自爱、自强,做一个奋发向上、积极进取的好少年!

声音整齐划一,气势强大。

宣誓完毕,我说:请孩子们来到爸爸妈妈身边,深深一鞠躬,感谢十年来父母对我们的养育之恩!

孩子们一个个鞠躬感恩,爸爸妈妈伸开双臂热烈地拥抱孩子!

我继续指挥:我们爸爸妈妈拿出家书,亲手送到孩子手中,并说一句美好祝福给孩子!

我望下去,看到了一个个温馨美好的场面,爸爸妈妈们一个个在给孩子送礼物,送拥抱,送祝福。家长、孩子眼中已泪光闪闪。

有些家长反馈,孩子读家书时哗啦啦流眼泪。看来这家书真正触动了孩子的心灵。

"感恩的心,感谢有你!……花开花落,我一样会珍惜!"在欧阳菲菲的《感恩的心》的美好歌声中,结束了鸿鹄班的十岁成长礼。前来参会的所有科任老师,没有一位提早离席,纷纷翘起了拇指:这一场成长礼,实在太棒太令人感动了……

8 妈妈跳舞，爸爸送歌

十岁成长礼，单单只有孩子出节目，不免单调，让爸爸妈妈们也出一个节目吧！

妈妈们旗袍秀？唱歌？跳舞？诗朗诵？……我脑海中进行了酝酿：诗朗诵相对简单些，但创意逊色些。要不，跳舞吧！

还是先去班级了解一下情况，问问孩子们再说吧。

"孩子们，你们妈妈平时喜欢跳舞的多不多？"邵心近与我说："我妈妈很会跳舞，她是他们单位负责跳舞的。"哇！你妈妈这么厉害啊！我翘起了拇指，心近开心得羞红了脸。易子昕、陈誉……好几个孩子纷纷说，他们的妈妈喜欢跳舞，会跳舞。

哎呀！那很妙呀！我说："孩子们，你若觉得你妈妈年轻漂亮身材好又喜欢跳舞，那你就给妈妈报名吧！十岁成长礼上，让妈妈们跳一个舞，为我们庆祝，那一定是个很美丽的风景！"我刚说完，孩子们在下面热情鼓掌，一个劲儿地说好。

黄佑宸坐在座位上，高高举起了手，露出两个可爱小酒窝："我一定要让我妈妈报名，我觉得她很漂亮，她行的！"一张小脸洋溢着幸福与自豪。

第四章　暖暖的家校沟通：家校携手共同点缀班级生活

陈誉也站了起来,露出甜蜜笑容:"我妈妈很年轻漂亮,她喜欢跳舞的,我要给她报名!"

邵心近、魏辰高辰兄弟俩、钱予泽、钱之微、易子昕、金乐轩、张舒元都给妈妈报了名。

"还有谁的妈妈要报名吗?今天回家可要好好做做思想工作,就看你们的本事了。"我笑着戏谑。

第二天,我又问起报名工作。朱天乐皱着眉头,无奈地说:"我想让妈妈报名,但我说破了嘴皮子,妈妈就是不愿意!"

"哈哈,妈妈不愿意,那就不要勉强了哦!以后还有机会呢!"我安慰他道。

昕昕妈妈微信上问我:"许老师,昕昕给我报名了跳舞?""是的,昕昕报名了,说妈妈会跳舞,但我与她说,先问问妈妈有没有时间。"我知道昕昕妈妈教高三,可想而知多忙呢。"读大学时,我是校舞蹈队的,但好久没跳了,既然昕昕希望我参加,那我就克服困难参加吧!"我立刻给昕妈发去了拥抱、握手、鲜花的表情,表示感谢。

洪翊上来问我:"许老师,还可以报名吗?我妈妈说愿意的!""那好呀!可以呀!你妈妈年轻漂亮,当然可以呀!"孩子笑眯眯地下去了。

共有十个孩子给自己的妈妈报名跳舞。逸航与他妈妈说:"妈妈,我没给你报名,许老师说要年轻漂亮身材好,漂亮嘛你蛮漂亮的,就是太胖了,所以我没有给你报名。"哈哈,小家伙,居然在家与妈妈这么说呀。当我听到逸航妈妈说这一段话时,笑得合不拢嘴。

征得心近妈妈同意,让她全权负责这个舞蹈,并在班级微信群上公布哪些孩子为妈妈报名跳舞,由心近妈妈负责建群。

大概过去一周,收到微微妈妈的微信:"许老师,我跳舞想退出了,可以吗?排练时间正好与晚课时间冲突,调不过来,家中还有二宝,实在忙不过来。"高中老师实在忙碌,再加家有二宝。我很理解,当即同意。

大半个月,我几乎没过问这件事情,我知道心近妈妈认真负责,从她女儿身上就可得知。都说孩子是父母的影子,我绝对放心。

第一次看到她们的舞蹈,是在成长礼召开的前一天下午。妈妈们太认真了,去文化馆踏台。我正好带着儿子,去那边钢琴试弹。哇!妈妈们的舞蹈居然跳得这么好呀!出于意料的好!

正式表演那天,妈妈们请来了专业化妆师,一位位打扮得分外美丽:粉绿飘逸长连衣裙,一朵同色系头花,一把透明的小伞,脸上表情灿烂,舞姿婀娜轻盈,一位位宛如仙子一般绽放在十岁成长礼的舞台上。

我们看呆了!居然可以这么美呀!这个舞蹈刷爆了朋友圈,网友纷纷在问:"这是一个班级的妈妈吗?不会是假妈妈吧?"货真价实,全都是鸿鹄班妈妈哦。

到了此时,我才从别的家长口中得知,为了表演好这个舞蹈,妈妈们付出了许多,克服了工作与生活的矛盾,排除万难排练这个节目。

在佑宸妈妈的帮助下,找了一位专业舞蹈教练排,一听价钱,还算价廉物美。一开始定的舞蹈不是《时间煮雨》,后来才换的,时间紧迫,每周要花三个晚上排练节目。要知道,我们三位妈妈是高中老师,要值夜班,坚持排练是多么不容易。

爸爸们出什么节目呢?

妈妈跳舞,那爸爸就唱歌吧!我问孩子们,你们觉得爸爸会唱歌的请举手报名哦!有六个孩子举起了手,王诚斌、张熠宸、沈丹宁、李宇玲睿、魏辰高辰兄弟俩,都说爸爸爱唱歌,会唱歌。好吧,那就这五位爸爸唱歌吧!

我在微信群中说明了这六个孩子为爸爸们报名唱歌,并让王诚斌爸爸全权负责这件事情。斌爸马上回复收到!另四位爸爸也很快回复收到,没有一位爸爸推脱,都很大方,愿意为孩子们的成长助阵。

正式登台了,爸爸们的唱歌为压轴节目。首先上场的是魏辰高辰爸爸,唱的是《大王叫我来巡山》,潇洒大方,掌声连连;熠宸爸爸演唱的是《阳光总在风雨后》;李宇玲睿爸爸演唱的《蝴蝶飞呀》;丹宁爸爸唱的是《我的未来不是梦》,张雨生的成名之作,才刚开口,就能听出是专业水准的演唱，下面掌声一片；诚斌爸爸演唱的是《亲亲我的宝贝》，歌声真动听啊……五位爸爸演唱好后，各自带上自己家宝贝，摆出造型，一起合唱……

歌声将会久久飘荡在每一个孩子的美好童年里。

谢谢爸爸妈妈们助兴，让孩子们的十岁成长礼更立体，更圆满，更富有成长的生命力！

9 舞龙舞狮，美好童年

三年级春季运动会，我收到德育处颁布的运动会开幕式方案：

主题：绿色亚运，动感亚运。
口号：各班自定口号。
各班队列及方阵比赛要求：
（1）本届校运会，我们将以亚运会为主题，通过各种形式了解、展示、弘扬亚运精神。
（2）每个班代表一届亚运会举办国或一个亚洲国家，各班级通过解说介绍等形式展示历届亚运会举办国与城市及参赛国的历史文化，特别是中国代表团在历届亚运会上的成绩和表现。
（3）各班四路纵队入场，服装统一、精神饱满、动作整齐划一，在经过主席台时可以做队列变化和表演等展示（展示要以运动为主题，不建议唱歌、跳舞、书法等非运动类的形式），时间不超过2分钟。结束后四路纵队退场。

鸿鹄班领到的国家是阿富汗，当时我文件读得不够仔细，以为是伊拉克。我们班的入场式有什么好创意呢？我把学校开幕式要求的文件截图发在鸿鹄班智囊团——家委会群中，让他们出谋划策，想想主意。

我告诉他们是伊拉克，他们所想的创意都往伊拉克上靠，看视频、查资料，纷纷动起了脑筋。后来，佑宸妈妈和昕玥爸爸如此创意：伊拉克的国旗是红、白、黑三色旗，用三条长长的红色、白色、黑色的布，代表伊拉克。入场的时候，爸爸们舞龙，代表中国。佑宸妈妈能借到表演的长龙。她再去网上买四头小狮子，由黄佑宸、孙一立、陈张瑞、朱笈弟扮演，在最前面领路。

谁会舞龙呢？难不难？这时候，一立爸爸说，一立的武术教练可以帮助排练，舞龙技术上是不难的，他还可以借到衣服。

哇！简直太有创意了！我情不自禁喝彩！

去哪里弄这三色的长布呢？家委会群热烈地讨论，后来，高熙雯妈妈自告奋勇说：我能解决！有位朋友开沙发厂，能弄到这三个颜色的布。

那该多长呢？怎么裁剪呢？后来佑宸妈妈经过现场勘测之后，决定裁剪为8米长。谁去裁剪？家委会朋友在班级微信群中一说，张熠宸妈妈马上就说，她能帮助去裁剪。

谁来舞龙呢？我在微信群中发出倡议：需要有十位爸爸参与。第一时间报名的有孙一立爸爸、陈张瑞爸爸、王诚斌爸、朱钱昕玥爸爸、朱天乐爸爸、沈丹宁爸爸……连平素很少在微信群露面的张书瑶爸爸、徐雨彤爸爸也都报名了，我内心很感动，谢谢家长朋友们热烈支持！我让孙一立爸爸全权负责舞龙、舞狮的排练。群众的力量就是大！

佑宸妈妈和一立爸爸去乡镇拿来了狮子，放在一立学习武术的场馆里，邀请一立的武术教练帮助排练。周日下午，爸爸们和四头小狮子聚在武馆，在教练的指导下进行排练。

我去现场观摩，舞龙、舞狮的爸爸们、孩子们训练得超级认真，一遍又一遍，不厌其烦。4月底的天气已很炎热，没多久，一个个已汗流浃背了，但没有一个人喊苦叫累。

周一中午，我请来佑宸妈妈和班级学生去操场训练。只有两天就要比赛了，我们还没有正儿八经训练过，这布又沉甸甸，怎么拿，怎么拉开，怎么收起来，想起这些细节，我的一颗心扑通扑通狂跳。

开始训练了，佑宸妈妈和厚学导师王老师经过一次次摸索，一起商议出一个办法：最后面的三个孩子拿布，拿着布的两头尖角，把布一层一层地叠起来，等走到主席台前，抖开布，拉住角，放在肩膀上往前冲，再请站在后排的拉住，其他孩子站在三色布下面，拼成一面伊拉克三色旗。训练了两三次，感觉陈铭佳、金乐轩、徐宇梵拉布的技术熟练了，我们也就放心了。

运动会开幕的这一天，爸爸们早早来到了操场，一立教练穿上了孙悟空的服装，爸爸们穿上了舞龙的黄色喜庆的盛装，诚斌爸爸敲鼓，昕玥爸爸推鼓，各司其职，趁着人少，进行了一次彩排，做到心目有数。

运动会非常热闹，穿着舞龙、小狮子服装的爸爸们、孩子们格外显眼，我们举班牌的丹宁，穿着一件玫红色的阿拉伯公主装，头上蒙着一层紫色的轻纱，配上她那双忽闪忽闪的大眼睛，真是靓丽。

终于等到运动会入场了。其他班级创意都很棒，有开平衡车的，有拿羽毛拍的，有拿鲜花的……五花八门，各显神通。但我们的舞龙的确有那么一点惊艳。正如一位老师与我说：许老师，这种架势，也只有你们班家长能够聚起来。

一切准备就绪。前两天看到三位拉布孩子的技法已经很娴熟，我和王老师、佑宸妈妈也没过多关注他们拿布的两个角有没有正确，在等待上场的近一个小时中，三孩子一直这么拿着，真心不容易。有一个孩子拿错了角的方向，导致到了主席台前要拉布的时候，两个孩子按照预定目标飞似的跑了出去，而一个孩子的布怎么也拉不出去。我和王老师只好过去帮助，总算完成了这一个动作。再好的创意，因这小小失误，影响到了得分。

当天，桐乡新闻对集团各校的运动会入场式进行了宣传报道，鸿鹄班的舞龙照片荣登头版。

入场式表演，鸿鹄班只获了三等奖，家长参与过度，队列凸显不够，还出现了小差错（包括弄混了国家）……的确，细想很有道理。也有老师好心对我说：你们班为我们学校拿三个头版，应该为你们设一个创意奖。

我笑着说，真的不用。

我们不怕失败，也不在乎结果，在乎的是：这一过程中，家长、孩子、老师团结一致共同奋斗的精神和拧成一胶绳的凝聚力，以及带给孩子们的心灵震撼和精神激励！

爸爸们的参与，惟妙惟肖的舞龙舞狮表演，早已给孩子们的童年带来了深深的幸福感！

多么美好的童年呀，三年级运动会入场式，有了爸爸们的参与，小鸿鹄们终将难以忘怀！

10 家委换届，微信报名

鸿鹄班家委会班子团结，雷厉风行，办事效率高，得力，超常发挥了家委会的互助、互动、互学等功能，班级活动开展得风生水起。一年级时，我虽没有让家长报名选举，而是由我临时指定，但家长朋友们工作认真负责，精心组织了丰富多彩的活动。

在微信群公布家委会名单时我就说了，等到三年级时，会重新换届选举，希望家长朋友热烈报名。

已经到换届的时间点了，家委会已连续工作三年，或许有的家长朋友工作有调整，时间上不再适合做家委会工作了。我决定，进行鸿鹄班家委会换届选举。

首先，我用喜气洋洋的红色背景制作了一封情真意切的感谢信，表达我和孩子们的心声。

感谢信

鸿鹄班的家长朋友：

尽管第一届鸿鹄家委会没有进行选举，而是由我指定，但三年来，家委会的家长朋友为班级付出了很多，没有报酬，出汗出力甚至掏钱，精心策划组织活动，组织义工团队，为贫困山区贡献爱心……

一个和谐友好向上的鸿鹄班集体，也有你们的一份功劳，家委会朋友们的默默付出，在鸿鹄班建班史上留下了浓墨重彩的一笔。鸿鹄班的孩子们和老师们因为有你们的付出而备感幸福！

眨眼已过三年，按照一年级时的约定，换届选举的日子已经到来。我们将重新选举新一届的家委会，您若有热情有时间，可以继续留任，欢迎老会员热情报名。您若因时间、工作等原因，无法再任，我们将深深铭谢您曾经的付出！鸿鹄班第一届家委会名单：

会长：朱天乐爸爸（一年级）、朱钱昕玥爸爸（二、三年级）。

秘书长：高熙雯妈妈。

组织委员：唐翌展妈妈、陈铭佳妈妈。

宣传委员：黄佑宸妈妈、缪漪静妈妈。

财务委员：贾斐斐妈妈。

后勤委员：魏辰高辰爸爸（二、三年级）。

谢谢以上家长朋友们为班级的付出！

鸿鹄班班主任携全体科任老师、孩子们
2019 年 9 月 14 日

我发在家委会的群里，告知一下家委会的朋友们，让他们心中有数。一位位家长朋友纷纷表示将继续为班级服务。

没多久，我把感谢信发到了班级微信群中，并附上《鸿鹄班第二届家委会岗位设置情况》，换届选举正式拉开帷幕。根据班级发展的需要，在原有基础上，家委会合理扩充，岗位设置也更合理。

鸿鹄班第二届家委会岗位设置情况

一、组织设置

会长：1 名。全面负责家委会的日常工作，不定期组织优秀影片的观

看，尤其是经典英文原版影片的观看。

副会长：1名。做好每一次集会的美篇和记录，建立好档案。协助会长开展工作。略懂摄影，拍摄较精美的活动照片。

秘书长：1名。组织每学期期初的线下聚会、班级群的沟通，注重正能量的引导，协助会长开展工作。

财务部：部长1名。做好班级费用收取、开支情况的记录。每个学期结束，班级财务情况进行公示。

公关部：部长1名，成员2名。班级活动场地的联系，科任老师的邀请与联系，与社会的联系与交往，班级拓展活动的外联，班级品牌影响力的提升。

策划宣传部：部长1名，成员2名。每个学期班级大型或较大型活动的策划，对外宣传，活动课件制作，班级微信群照片的收集和整理，每年元旦前班级台历的制作等。

采购劳动部：部长1名，成名2名。班级活动所需器材的采购，期初协助班主任打扫教室、分书，运动会与春游家长义工、校门口家长义工站岗的落实，班级所需东西的采购等。

二、报名条件

孩子成绩中等及以上，家长有一颗愿意为同学、为班级服务的心，与学校的教育理念较一致，富有正能量。

三、报名要点

1. 班主任在微信群发布报名信息，确定具体报名时间，开通报名通道后，采取在微信群公开报名的方式，有意报名的家长朋友注明报名什么职位，并用一两句话说说将如何做或表表决心。

2. 先报名先得，若有岗位空缺，将采取家长推荐或班主任推荐的方式，征得本人同意，上岗。

四、家委会隐形待遇

家委会成员的孩子，在同等条件下，班级评优和班、校级风雅少年的评选优先考虑，组织班级活动时做主持人、义工，校国旗下讲话等锻炼机会也会酌情优先考虑。

报名时间：9月16日中午12点。

报名地点：班级微信群。

报名方式：某某爸爸或妈妈愿意申报什么项目，再附上一两句阐明如何做或表决心的话语。

这一次，我特意增加了"家委会隐形待遇"，付出和得到应该成正比，既然为班上的孩子们耕耘了，付出劳动的汗珠了，在同等条件下，给家委会的孩子多一些关注，这合情合理。

没有多久，李赞爸爸与我私聊，有意报名财政部，但若有家长竞争，可以退出。我告诉他，财政部长斐斐妈妈做得很顺手了，她还有意继续担任，要不去公关部吧！

逸航妈妈也与我私聊，说愿意去公关部工作。还有沈丹宁爸爸。真的很感谢我们的家长朋友们，他们踊跃报名，有一颗乐意为班级服务的心，这是一件令人欢欣鼓舞的好事。

报名这一天到了，我特意早去食堂吃饭，提早来到办公室，保持网络畅通，并在群中预告了一下：12点准时开通报名通道。

谁知，点一到，一位位家长朋友发来竞选宣言。一瞬间13个岗位纷纷报齐。我宣布，关闭报名通道。

没过几分钟，逸航妈妈在微信群中留言：许老师，刚才在锻炼，忘记了报名时间，还可以报名吗？李赞爸爸也说：刚才有事错过了时间，可以继续报名吗？我赶紧跟两位家长朋友说：可以的，你们两个事先都与我报过名的。

两位家长朋友先后发来竞选宣言。

我当即正式关闭报名通道，赶紧梳理。根据报名情况，简单调整之后，我宣布了第二届家委会的名单。

鸿鹄班第二届家委会成员

会长：朱钱昕玥爸爸
副会长：高熙雯妈妈
秘书长：唐翌展妈妈
财务部长：贾斐斐妈妈
公关部：部长，沈丹宁爸爸；成员，魏辰高辰爸爸、徐逸航妈妈、李赞爸爸
策划宣传部：部长，黄佑宸妈妈；成员，缪漪静妈妈、章佳一妈妈、易子昕妈妈
劳动采购部：部长，沈佳烨妈妈；成员，陈铭佳妈妈、张洪翊妈妈

  我把第二届家委会名单发在班级微信群，正式宣告。
  我在原家委会群中再次表示感谢，并正式解散群。重新组建"鸿鹄班第二届家委会群"。
  愿扩容改组后新的家委会助力鸿鹄班发展，为孩子们服务，让小鸿鹄们度过一段欢乐而有意义的小学生活。
  请看我们家委会成员们的竞选宣言，怎么样？为之动容吧！

  朱钱昕玥爸爸：大家好，我是朱钱昕玥爸爸，我竞选家委会会长一职，我愿意继续发挥纽带作用，做好协调、协助工作，为班级服务，助力鸿鹄班的发展！不管能否成功当选，都将为鸿鹄班尽心尽力！
  高熙雯妈妈：大家好，我是高熙雯妈妈，申报鸿鹄班家委会副会长一职。我会尽我自己最大的努力做好家委会交办的一切事务，架起家校沟通、互动的桥梁。帮助孩子更好地融入学校氛围，帮助老师更好、更轻松开展教学活动。
  唐翌展妈妈：大家好，我是唐翌展妈妈，我想竞选秘书长一职。在之前的三年里有幸为大家服务，为孩子们的活动出谋划策，做了一些力

所能及的事。在未来的三年里我会一如既往地配合老师做好家委会工作，让小鸿鹄们度过一段健康而有意义的小学生活，谢谢大家的支持！

贾斐斐妈妈：大家好！我是贾斐斐妈妈，申报竞选财务部长一职。我作为鸿鹄班学生的家长，深切感受到为了学生的成长，学校和老师们的辛勤付出；我从内心深处愿意为班级做点事，报名参加家委会，并承担班级财务管理的职责，我会认真管好每一分钱，请大家放心，也请大家监督我，谢谢！

沈丹宁爸爸：大家好，我是沈丹宁爸爸，我想竞选家委会公关部部长，尽自己所能为鸿鹄班服务好，为小鸿鹄们快乐成长尽自己的力量。

魏辰高辰爸爸：大家好，我是魏辰高辰爸爸，我想竞选鸿鹄班家委会公关部成员。我会尽我自己最大的努力做好家委会交办的一切事务，为孩子们的健康、快乐成长服务。

徐逸航妈妈：大家好，我是徐逸航妈妈，我想竞选家委会公关部成员，尽自己的努力为鸿鹄班同学和家长服务！

李赞爸爸：大家好，我是李赞爸爸，我想竞选家委会公关部成员，协助公关部长开展活动，谢谢大家！

黄佑宸妈妈：大家好，我是黄佑宸妈妈，我想竞选家委会宣传策划部部长，尽自己所能为鸿鹄班服务好，为小鸿鹄们快乐成长尽自己的力量。

缪漪静妈妈：大家好，我是缪漪静妈妈，我申报竞选鸿鹄班家委会策划宣传部成员，希望尽自己所能为鸿鹄班服务好，为小鸿鹄们健康快乐地成长贡献自己的一份力量！

章佳一妈妈：大家好，我是章佳一妈妈，想竞选策划宣传部成员。我制作了三年的班级台历，在制作台历上有了一定经验，希望能继续为班级服务！

易子昕妈妈：大家好，我是易子昕妈妈，报名财务部，虽能力有限，但有一颗服务的心，共建美好鸿鹄班。

沈佳烨妈妈：大家好，我是沈佳烨妈妈，我报名竞选采购劳动部部长一职。如果我能够成功加入采购劳动部，我一定会认真、负责地做好自己的本职工作，为鸿鹄班的发展贡献自己的一份力量！

陈铭佳妈妈：大家好，我是陈铭佳妈妈，想竞选鸿鹄班家委会劳动采购部成员。我会尽我自己最大的努力做好家委会交办的一切事务，为了孩子的成长成才！

张洪翊妈妈：大家好，我是张洪翊妈妈，我申报竞选鸿鹄班家委会劳动采购部成员，希望能为鸿鹄班贡献自己的一份力量！

第五章　暖暖的游学来信：
　　　来自大洋彼岸的真情问候

CHAPTER 5

2017年暑假，我何其有幸，来到大洋彼岸，于美国陶森大学进行两周德育研修。每晚，异国深夜12点前，我准时把一天所看、所听、所思、所想，借助一封封写给小鸿鹄的信，发布在我的微信公众号里。美国东海岸与中国浙江，时差12个小时，每天中午，孩子、家长守候班级群，等信成了一道美丽风景。

1

学会感恩，心存快乐

亲爱的孩子们，亲爱的琅琅：

见信好！

虽说将近一月不见，但我每天在"桐乡教育"上看到每一个孩子认真地阅读、练字、口算，以及游泳、习武、练琴……你们一个个朝着自己的梦想努力着，奋斗着。作为老师的我既高兴又欣慰！

此刻，我正坐在香港飞往纽约的飞机上给大家写信。孩子们都知道，许老师要去美国学习。终于，这一天到来啦！

你们知道吗，这是一个多么来之不易的机会！原本定于去年10月底出行，那时，我们鸿鹄班刚刚组建，出来学习19天，为师真是一百万个不放心。但是，这样的学习机会太难得，因此我没有放弃。我出去学习，放眼世界，领略世界上先进国家的教育教学，走进他们的中小学，这对一位老师来说是一生中千载难逢的机会。老师的视野、境界越宽阔，最终受益的就是他的学生！出去学习，是为了更好地工作。

激动之余，我也为游学做着各类准备，填表格，找校长、书记签字、公示，再提交给教育局，样样准备齐全时却突然接到通知暂时取消行程,什么时候去等通知。虽说有点可惜,但因你们才一年级第一学期,班级还没理顺,再加上这种出境研修不到最后一刻谁都不知道后果,随遇而安一直是我人生的态度,故从不觉得有啥遗憾。

今年3月初,突然接到通知,行程缩成15天,原本的西海岸改为东海岸,洛杉矶大学改为陶森大学,将在5月下旬出发。于是又是各种填表,各种准备,再次找校长、书记签字,然后去嘉兴教育局参加行前会议,去嘉兴出入境中心拍照,去上海美国领事馆办签证。我也与常老师约定,让他来帮我代课,他代课我放心。常老师一口应允。万事俱备,只欠东风。静等起飞之际,又被通知研修延期至暑假7月下旬。

真是一波三折,已不敢确定是否能真的成行,但内心仍特别感谢嘉兴教育局、浙大求是、桐乡教育局、北港小学各位领导在背后默默付出。这样的出国研修,真心不容易。用一颗感恩的心,对待每一种境遇,这是我一直以来的人生态度。

确定成行了!确定成行了!而且是在最不影响工作的暑假,对我来说,这简直完美。一切都会是最好的安排!我常常默默感慨。

昨晚9点多整理行李时,琅琅主动帮我把行李箱从四楼阁楼拿下来,还帮我整理衣物,教我怎么弄行李箱密码。虽说没帮多少忙,还有点小添乱,但对作为妈妈的我来说,内心觉得很温暖。孩子们,当你的爸爸妈妈远行时,请记住,在一边帮爸爸妈妈整理哦,把你的爱,把你的关心融入进去,爸爸妈妈一定会很欣慰。

早晨4点50分的闹钟,简单梳洗后,我告别沉睡中的琅琅,这可是我第一次那么久离开他去出差,终究不舍。留下一张写给他满满叮咛的纸条,迎着早晨初升的那轮光亮的红日,我去嘉兴教育学院乘车。孩子们,你们要知道每一位爸爸妈妈都是那么爱自己的孩子,出门时,内心各种不放心。让我们一起来做让父母省心的好孩子,好吗?

6点半从嘉兴出发,赶到杭州萧山国际机场已8点了。等待、托运行李、过安检,11点的飞机,终于在12点起飞。在飞机上吃到了我迄今为止吃到的最好吃的午餐——居然有哈根达斯冰淇淋，着实有点小意外。

两个小时的空中飞行，我捧着一本书阅读，时间过得特别快。孩子们，书就像一艘船能把我们载往远方。希望孩子们都能从阅读中体验到乐趣。

银色飞机在湛蓝的天空中翱翔，很快来到香港机场转机。

等待。小逛。各种摆拍。一位穿白裙的漂亮阿姨利用等机时间还在用电脑工作呢。当你学会了利用零碎的时间，你的人生就会有别样收获。希望我们鸿鹄班的孩子们从小就能珍惜时间，会懂得利用边角时间，做一个会学习又善于生活的幸福的人。

下午4点10分登机。飞机口又一次开包检查。不得不感慨，去美国安检真严格。正式起飞已是北京时间下午5点。我将在飞机上度过漫漫16个小时，幸好有书为伴，以及我给大家写信。

孩子们，从世界地图上找找，从杭州到香港，再从香港到大洋彼岸的美国东海岸繁华城市纽约。从亚洲到北美洲，这是我本次研修的飞行路线。找到了吗？

为了给孩子们树立一个好学的榜样，我会一路写信给大家，把我所看到的、所听到的、所想到的汇报给大家，对我来说，这可是个艰巨任务噢，既要认真学习，还要写信向你们汇报。也请阅读到此信的孩子们在父母的帮助下，给我回信。可以你自己说，爸爸妈妈帮助记录，也可以是你自己写，说说你的暑假生活或者新学的本领。注意发在微信中噢，可以私发或发班级群，字数不限，当然我期待字数越多越好噢！

让我们开启一段美好的旅程吧！我相信，这在你的人生之路上是一段非常珍贵的回忆！

祝：
夏安！

许丹红

2017年7月23日

下午6点（北京时间）于飞机上

2

学会微笑,愉快身心

亲爱的孩子们,亲爱的琅琅:

见信好!

欣闻沈笑妍、唐翌展要去新加坡、杭州参加钢琴比赛,由衷为他们高兴。所有的付出与汗水终究会得到回报。所谓一分耕耘,一分收获。我还收到了钱灏、魏辰高辰两兄弟、张洪翊、宋予栋等孩子的回信,知道了孩子们都在为自己的梦想努力。只要努力,梦想总会开花。

继续来说说我的行程——7月23号北京时间下午5点在香港起飞,到24号北京时间晚上9点到达纽约肯尼迪国际机场。孩子们,知道肯尼迪是谁吗?听说过吗?谁有这样的能耐,让纽约机场以他名字命名啊!告诉大家,他是美国历史上的第35任总统,也是美国历史上支持率最高的总统,为美国的发展做出了重要的贡献。人们为了纪念他,便用他的名字命名了很多地方。当一个人为国家做出了许多贡献时,他就永远活在人民的心中。美国这样,中国也这样,全世界都这样。

有一些孩子在来信中告诉我,羡慕我乘飞机。告诉大家乘飞机的感觉吧！香港飞纽约的飞机历经 16 个小时，这个乘机过程真的有点煎熬。飞机有头等舱、商务舱和经济舱。头等舱可以躺下来休息，价格是经济舱的三倍，商务舱也比较宽敞，当然价格也不便宜。我乘的当然是价格最便宜的经济舱。

经济舱空间狭窄，两条腿伸不直，局促的搁板再加地上搁放的包，让我的脚无处可放。最难受的是我的腰，因打麻药留下了后遗症，不能久坐。久坐后，腰际如灌铅般酸痛。无奈之下，只能每过两个小时在饮水处稍微活动活动，但不时遇到气流颠簸。无奈之际，只能借助前面椅子后背上的电影来排解旅途困顿。

看一会儿，闭目养神一会儿，动一动……16 小时飞行，难受得无以言说。

终于熬到了终点。

飞机安全着陆。在自助机上取入境卡。取行李箱时，美国时间是 23 号晚上 10 点，北京时间是 24 号上午 10 点。孩子们有没有发现，怎么平白无故相差 12 个小时呢？告诉大家，这就是时差啦。让我用最通俗的讲法来告诉你们。地球每时每刻自西向东自转，香港飞纽约的飞机航行路线是自东向西，这样飞行，等于抵消了。请你和你的爸爸妈妈用手在地球仪上演示一下。若依然不理解，那就请你自己找找资料，或让你爸爸妈妈解释一下何为"时差"。

从纽约机场乘坐前来接我们的大巴到此行的目的地——位于马里兰州巴尔的摩城市边上的陶森大学。巴尔的摩是美国东海岸边的一个较大的城市。反正，之前我也从没听说过。它在纽约和华盛顿之间，离纽约 300 公里，离华盛顿 60 公里。世界地图上找一找，看看能不能找到巴尔的摩。

纽约的夜景璀璨绚烂，但我们已疲惫不堪，无暇欣赏美景，再说，咱们中国上海的夜景一样璀璨哦，丝毫不逊色于纽约。若还没欣赏过夜上海的豪华，建议爸爸妈妈们带孩子去领略一下。车开着开着，突然下起了暴雨，雨水哗啦啦冲击大巴，发出美妙的声音，宛如在迎接我们的到来。原本以为坐飞机够累，却发现坐双脚丝毫不能动的大巴更累，一坐就是四个小时。

我们终于在美国时间24号凌晨2点多到达目的地——陶森大学。一个高鼻子、白皮肤的帅气洋人站在大巴下欢迎我们。他满脸阳光，朝在场的每一位老师微笑，并不停地说着"你好！你好！"的美式中文。突然，我们有了一种宾至如归的感觉。

站在国际学生的公寓大厅，他再一次阳光灿烂地自我介绍。他是这个培训项目的负责人，叫斯高特。他真的特别热情，他发自内心的微笑，令我们一行疲惫不堪的人儿心底洋溢着温暖。

微笑，是一张金字招牌。孩子们，在我们平时的生活、学习中，要学会微笑，保持一种愉快心境。

入住公寓房，中间是客厅＋厨房，两边各一间卧室，放着简陋的床，当然还有一些柜子。洗漱，入睡已经凌晨近4点了。

眯了三小时，早晨8点半大厅准时集合，我们走路去餐厅吃饭。这是一段不短的路程，需要步行15分钟。湛蓝湛蓝的天空，飘着朵朵如棉花一般的白云。干净得一尘不染的路，苍翠的绿化，尤其草坪，那么平整。随处遇见的各种肤色的学生，亲切主动地喊着"good morning!"问候声不绝于耳。依山而建的陶森大学优美的自然环境，让我们一行人心生好感。

去餐厅吃过早餐，参加开班典礼。斯高特用流利的英语，热情地介绍了陶森大学。遗憾的是，我一句也没有听懂。孩子们一定要好好学英语哦，不然如老师一般英语盲，将来可是寸步难行。世界是个地球村，不懂英语就是新时代的文盲啦。

幸好有一位30多岁的中国研究数学的女教授担任翻译，但翻译之后，终究变味，不再原汁原味。

陶森大学是美国排名前一百的一所大学，是一所教育学院，专门培训老师的大学，每年暑假都会组织学生夏令营。在校学生有1900多人。应该说，我们此次的学习，专业非常对口。

斯高特介绍了陶森大学的历史、学校设施、教学楼、校车等方方面面。留学生中中国人占 16%。

12 点吃中餐，吃好中餐，步行回公寓，只休息了不到半小时，我们又前往教学楼上课去了。

下午的课是美国公共教育机构与教育历史简介，讲课的教授从美国的殖民历史讲到美国多元文化的融合，以及妇女受教育对美国历史发展的影响等方面。听课的过程中，我一直在思考：美国从独立到现在也就三百年不到的时间，怎么却成了世界上第一强国呢？是什么奠定了它的大国地位呢？

行走在陶森大学中，不时看到一些手里拿着盲棒行走着的盲童。他们一边借助盲棒行走，一边欢乐说笑。面对先天不足，他们微笑着，小脸充满了快乐和自信，丝毫没有卑怯和内向。这一幕幕，深深打动了我们。这个国度，对待特殊孩子的那份关爱，那份包容，那份投入，让我们深深震撼！

孩子们，让我们学会微笑吧！无论遭遇怎样的艰难，让我们擦干眼泪，站起来，微笑着前进。风雨之后就能见彩虹。

祝：
夏安！

许丹红
2017 年 7 月 27 日
于美国陶森大学国际公寓

3

学会承担，责无旁贷

亲爱的孩子们，亲爱的琅琅：

见信好！

今天是学习的第二天，我早晨6点半起床。我看时间还早，便打开电脑给你们写信。今天上午9点半才开始上课，时间充裕。

充电宝充电有点不稳定，我一直在开与关中检查、试验。

8点半，室友祝老师喊我去吃饭。我背上我的背包，再插上充电宝，步行去吃早饭。

一行人一边走，一路聊，等快到达时我猛地想起，今天吃早饭的餐券没放进包中。原来，我撕下昨天的三餐票券，把剩余餐券放在房间的另一个包中了。

怎么办呢？美国是一个讲原则的地方，不像国内，求一下情说明一下就能通融，且我不会讲英语。这么一想，只好折身再去拿。一去一来，足足浪费了半个多小时，累得我气喘吁吁。等我赶到餐厅，发现收餐票处已没人了。我赶紧把餐券放在桌子上，进到里面一看，原来已过吃早餐时间，食物都已收起，盘中空空如也。最后总算找到了一个橙子，一个苹果。

这天要学习到 12 点半，我的肚子一直咕噜咕噜地叫，宛如诸葛亮在唱空城计，饿得难受。这该怪谁呢？只能怪自己马虎大意啊！虽说民以食为天，谁让你自己忘记带餐券。还有，为什么不去试一试让同行懂英语的老师与老外解释一下呢？不试一试怎么知道一定不行呢？既然选择了最愚蠢的回头拿的方式，所有结果都必须自己承担。

回到公寓后，我学乖了，第一件事就是把所有的餐券放进随身携带的包中。吃一堑长一智吧，人可不能在同一个地方摔跤两次。

我想起了在我们鸿鹄班，经常有孩子忘这忘那，不带东西。今天忘记带画画工具，明天忘记带《中华经典诵读》，有的孩子一边提心吊胆怕老师批评，一边责怪爸爸妈妈没有帮他记住，常常是同一个毛病一犯再犯，一忘再忘。还有的孩子，老师每天强调把椅子推到桌子下面，保持地面清洁，却依然一忘再忘。只要我不在，没有提醒，就啥也不管，只顾自己走人……这样的例子不胜枚举。

孩子们，人在这个世界上要有责任心，该承担一定责任。班有班规，国有国法。如果没做好，只能学会承担，坦然接受老师的批评或者惩罚。就如我这一次忘记带餐券，承担的结果就是让自己饿肚子半天。

不怕偶尔一次的疏忽，最怕我们心灵的麻木。忘记就忘记呗，批评就批评吧，我可不怕。这样的心态千万要不得。我们要学会从疏忽中得到经验教训，学会反思：以后怎么做才能不犯同等的错误呢？俗话说得好，不怕犯错，只怕一错再错。

上午观摩陶森大学的暑假夏令营。这是一个有关"天才教育"项目的系列夏令营。共有四个营：年龄最小的营面向四五岁的孩子，他们研究的是蚯蚓。通过比较活蚯蚓与死蚯蚓的不同，孩子们自己总结发现，有的用图像表示，有的用自己喜欢的方式表示。再拿手电筒来照，看蚯蚓喜欢有光的地方还是黑暗的地方……在探索动手中让孩子们发现蚯蚓的习性。

第二个营面向一二年级的孩子，他们研究的是水利方面的内容。孩子们一个个在走廊席地而坐，看老师演示"水的实验"。然后回自己的教室，继续席地而坐听老师讲。听完了回到自己的座位，开始在纸上记录。

记录好后，又席地而坐。速度慢的孩子能得到助教——八年级孩子的个别指导。这位大孩子是在做义工。老师又拿出一本水利方面的绘本，给大家讲起了故事。

第三个营面向三四年级的孩子，他们研究的是生物方面的知识。每一个组都配有一台显微镜，原来是在学习制作单层细胞。

第四个营面向五六年级的孩子，他们在研究火箭发射的推力。老师先让孩子们手工制作火箭，再用以前的相机胶卷的塑料盒子模拟火箭发射的架势，来实验火箭发射的推力。

每个营都只有十几个孩子，一位主教老师，一位助手。引导的内容，全都是科学方面的。美国的科技发展，全世界第一。这么小就专门组营在科学上如此探究，不得不令人翘大拇指。

孩子们可以席地而坐，课堂纪律不像我们中国那么整齐划一，但我发现每一个孩子都非常专注。最关键的是，他们更多地鼓励孩子自己去动手，自己去探索，自己去发现。这的确是我们中国教育中所缺乏的。我们只能去借鉴，而不是一味拿来，每个国家的国情与文化不一样。

项目负责人——一位年长的女教授向我们介绍"天才教育"这个项目的由来。我们老师对"天才"这个词语非常感兴趣，提问道：这些孩子怎么选出来的？只有四五岁的孩子，怎么知道他是天才呢？按我们的理解，天才往往是特别有天赋，学起来特别快的孩子。项目负责教授告诉我们，这些孩子是老师推荐、父母推荐来的。美国人所理解的"天才"，就是求知欲特别强，特别爱学习的孩子。

哦！原来是这样呀！我们恍然大悟。

孩子们，在咱们班上，以后谁最爱学习，谁的求知欲最旺，我就可以称他为天才哦！如此看来，在我们鸿鹄班，天才还是很多的哦！因为我们的小鸿鹄都那么好学。为师我很欣慰哦！

接下来，一位已来美国20年的中国教授用中文给我们作讲座。她讲的是让游戏进入课程。她说，21世纪技能为：解决问题的能力，创造性思维，批判性思维，坚持。创造性思维，就是学会创新，不走平常路。

通俗地讲就是，上课的时候，别人回答过的，你不要照搬照抄，要有自己的看法和见解。而批判性思维，就是不唯书不唯上，不要以为书上写的、老师讲的一定是对的，要敢于质疑。还有一个技能就是坚持。一个懂得坚持的人，才能有所成就。李教授说，最有成就的人，往往不是最聪明的人，而是一位最善于坚持的人。太好了！孩子们，找找《犟龟》这本绘本，让你们的爸爸妈妈给你读一读吧！

犟龟陶陶要去参加狮王二十八世的婚礼，前进的路上遭遇到了同伴们讥讽、挖苦，但他坚持一直往前走。最后，他终于参加了狮王二十九世的婚礼。

这本绘本告诉我们，梦想需要坚持，只要上路了，天天走，总有一场隆重的盛宴等着你。

把游戏引入课程，在寓教于乐中突破难点，努力开发更多适合孩子的软件和游戏。她所说的游戏，指的不是电脑游戏，而是课堂上、精心设计的游戏，可以用来调动孩子们的积极性，培养他们的创新思维和能力。李教授的课，给了我很大的启迪。

中午12点半，饥肠辘辘的我终于第一次吃到了中餐。美国中餐鱼香肉丝黏糊糊地粘在一起，真心一般。还是最爱我们大桐乡的各色美食，想起阿能面，止不住吞咽口水。

下午是心理学导论课，由一位专门研究儿童心理学的教授担任我们的主讲老师，另有中国教授担任翻译。

她主讲六个方面的内容：大脑与发展、认知发展、行为主义、社会认知理论、信息处理能力和天赋创造力。说句实话，这个讲座没有听到我所预想中想要听到的东西。

关于大脑与发展，她讲到一个人的神经元与生俱来，刺激神经元，可促进孩子的脑部发展。这一部分，老师们热烈互动，导致花费了很长时间。后面所讲的罗杰斯的人本主义和行为主义代表人物斯金纳，我早已在本科自考及函授中学得滚瓜烂熟。我最想听到的天赋创造力没有听到，微微失望。

其实，在国内，教育理论的发展并不逊色于国外。这些年，我听过国内顶尖的教育类高校北师大、华师大教授们的讲座，视野拓宽了许多，听讲座变得挑剔。我想，我就这是所谓的批判性思维吧！

当你们在呼呼沉睡的时候，我正在听教授讲课。时差还没有完全倒过来，有点昏昏沉沉。

讲座结束后，我们乘坐陶森大学校车来到附近的超市。美国小镇的街道，是那么干净整洁，且看不到一位扫地工人在清扫。这真的是让我们钦佩不已的地方。没有人随手乱扔，这就解决了源头问题。想想，若我们的教室没有一个孩子乱扔垃圾，不让垃圾掉到地上，那还要我们清扫吗？如果大家随意乱扔，就算每个课间都清扫，还是没有用呀！

在美国，在陶森大学，在公众场合，看不到、听不到有人大声喧哗。需要排队的地方，也没有人插队……真是百闻不如一见。孩子们，你们是有希望的一代，提高国民素质，从我开始做起好吗？

学会负责，学会承担，承担起我们该负的责任；自己犯的错，自己承担；自己的作业，自己做，不用爸爸妈妈陪在身边；自己的事情，自己管好，不用爸爸妈妈提醒。让我们一起做一位有担当、有责任的好孩子。好吗？

祝：

夏安！

许丹红

2017年7月27日下午1点

于陶森大学国际公寓

4

学会追求，找到坐标

亲爱的孩子们，亲爱的琅琅：

见信好！

陆续收到许多孩子的来信，真心为你们在过一个有意义的假期而高兴。

今天上午的课，是给研究生（即将成为新教师）上的。当我们一行人走进圆弧形的报告厅时，我们惊呆了，居然有这么优雅、这么可爱的老师坐在讲台上给研究生上课。

翻译金教授暂时还没有到，所以上课教授所说的对我而言，全都如天书，除了听不懂还是听不懂。但是，教授的表情、神态、语速、动作都能感知得到。这位优雅的教授不断地走到学生身边，对话交流。十个年轻的研究生围坐着，与老师不断对话、探讨。每一位学生都积极参与，与老师进行思维碰撞。在美国，非常强调老师与学生互动，不像我们国内，更多的是老师讲，学生听。

翻译金教授终于来了。而后研究生们分成两组，在另一边热烈探讨。

我们围坐在一起，听老师讲美国的教育。在美国，本科毕业后需再修研究生。工资与学历挂钩，社区、学校也都鼓励老师不断进修。她说，现在美国老师越来越难做了，在美国也有类似于国内的检测，当然，美国强调多元化测试。

无论是美国还是中国，都很强调阅读。阅读的最终目的是理解……阅读真的很重要哦！孩子们，你们可要多读点书哦，只有多阅读，才能让自己变得更聪明。

"我今天坚持阅读了吗？"让这句话成为我们每天睡前追问自己的名言吧！

在中国，因人数多，互动少，给新老师、年轻老师培训时不少老师会玩手机。今天我们看到教授与研究生们不断地互动、对话、思维碰撞，没有一位研究生在玩手机。小孩子上课可席地而坐，老师上课可坐在讲桌上，对听姿、坐姿不是那么强调，但都那么专注、投入。他们课堂上人数少，即便公立学校也不会超过25位，不像我们班级有55位学生。他们觉得人数这么多，太不可思议了。

吃好中饭，短暂休息，我们去参观离陶森大学不远的一所学校。我搭乘的是金教授的车子。在美国，常能看到蓝蓝的天空，一朵一朵棉花状的白云飘浮在空中。汽车在高速路上奔驰，一套套小型城堡似的乡村别墅掩映在绿树丛中。这就是传说中的美式乡村。这里的别墅几乎都只有两层楼，配上蓝天白云，绿树掩映，宛如一幅幅清丽的天然油画。

到达今天要参观的公立学校了。正好遇上参加学校夏令营的孩子们乘校车回家。各种肤色的孩子在老师的带领下，井然有序地走出来乘坐校车。

在校长的邀请下，我们参观了校园。"非常一般的校舍哦！"同行老师轻声说，"我们国内的希望小学硬件都比这好哦！"的确这样，低矮的平房，破旧的篮球场，实在不够高大上。这就是美国吗？我内心感慨：国内发展迅速，尤其是中国东部沿海发达地区，外在硬件设施绝对赶超美国。

进入一间教室。热情的美国老校长充满激情地说，他已在这所学校做了25年校长，从原来一位普通的老师到副校长再到校长。他说，他一直朝着他的梦想在努力，希望学校能成为全州最好的公立学校。

全校九百多位学生的名字他全都叫得出，学校以前很一般，现在在巴尔的摩郡有影响力了……他说，当遇到特殊孩子时，他通常采取的方法就是周六把他请到学校，留在教室里，让他做功课，一关就是三个小时。当然，只有他才有这样的权利。他说："我比学校大。"顿时，我们被这位年老的有梦想的美国校长打动了。雷夫·克拉克是美国传说中的热血教师，眼前的这位有追求、有激情的美国老校长，不也充满热血吗？

他一再说，美国的公立学校推动国家往前走。美国实施的是13年义务教育，在学校免费吃早餐，若这个孩子来自贫困家庭，中餐费、校车费都可免除。贫困生在学校根本看不出，只有到他的家庭才能感觉到。学校有来自26个国家的孩子，在他的争取下，现在每个孩子上课时人手一台电脑……另一位副校长向我们介绍了学校的特殊教育。美国的特殊教育包括天才儿童和问题孩子的教育。教室里专门有一张桌子，是老师平常专门辅导这两类孩子时用的。

校舍虽说一般，但软实力——免费的早餐、中餐，校车接送，对多元文化的包容，对特别孩子的关爱，有自己独特的部分，值得学习借鉴。

我特意去了洗手间，全都是坐便器，没有一丝臭味，没有一点儿灰尘。

随后，我们参观了学校的文化走廊。校长重点介绍了一位英雄——马丁·路德·金。校长为他竖起了大拇指，说：这是英雄，我们美国的英雄。

马丁·路德·金——一位非裔美国人，出生在美国的一个黑人家庭。他通过自己的努力，获得博士学位。他是美国黑人民权运动的领袖，积极参加和领导美国黑人争取平等权利的斗争，一生三次被捕，三次被判刑，然而，他没有屈服，继续带领着黑人们抗争。要知道，美国历史上种族歧视曾经非常厉害，黑人是白人的奴隶，不能与白人同吃同坐，甚至公交车上黑人与白人都需要隔离开。1956年他组织黑人进行公共汽车抵制运动,全城五万黑人拒绝乘坐公共汽车385天,迫使最高法院宣布在交通工具上实施种族隔离非法。他发表了著名的演说《我有一个梦想》,1964年获诺贝尔和平奖。1968年遇刺身亡,终年39岁。从1986年起,美国政府将每年1月的第三个星期一定为马丁·路德·金全国纪念日。从1987年起,马丁·路德·金的诞辰亦为联合国的纪念日之一。

  我们一行人纷纷在"校标"前与这位有追求的老校长一起合影。国界不同,但每一位真正热爱教育有情怀的教育者都值得我们尊敬。

  孩子们,一个有追求、有梦想的孩子才能找到自己的人生坐标。从今天开始,让我们树立一个梦想,并且把它记录下来,贴在自己的写字桌上,朝着梦想努力前进,梦想是会开花的。

  祝:

快乐!

许丹红

2017年7月29日

于陶森大学国际公寓

5

学会运动，健康成长

亲爱的孩子们，亲爱的琅琅：

见信好！

想必这几天都在翘首以待我的信吧！在繁忙的学习中，坚持给你们写信，真不是一件容易的事。我们公寓一间房共居住四位老师，彼此之间都熟悉，平时工作繁忙，难得相聚，聊天成为我们放松的一种方式。俗话说，三个女人一台戏，四个女人至少一台半戏吧。空余时我们结伴去附近的陶森镇上逛逛超市，买点生活用品之类。美国地广人稀，不像中国，随处可见超市，买东西方便。没有围墙的陶森大学几乎看不见便利店，要么乘坐校车一站到沃尔玛超市，要么步行半小时到巴尔的摩郡（这里的郡相当于中国的县城）去买。

周五吃好晚饭，我们一行人浩浩荡荡步行半小时去巴尔的摩郡购买干粮。谁知下起了瓢泼大雨。这边看不到什么出租车，公交车系统远没有国内发达（这一点我们中国真的做得很棒哦），只好等雨小点后，在风雨中撑着伞步行回陶森大学。我们一行人积极乐观，一边行走一边开玩笑，尤其是我们桐乡三中的朱永春老师，超级幽默可爱，给我们的培训生活带来了许多欢乐。下回找机会，我一定要让朱老师给我们小鸿鹄们上上课，他可是一位非常有名的班主任，相信你们听了他的话后，会更热爱学习。

步行途中，朱永春老师还带我们参观了郡法院大门，别有一番收获。一看记步器，走了两万多步。

好，给你们说说这两天的上课情况吧。第四天上午是一位名叫盖瑞的爷爷级教授（70岁）带来的职业实践的介绍。在美国，3到5岁属于早教阶段，由家长负责引导。5岁上幼儿园共一年，6岁上一年级，中学为六到八年级，高中为九到十二年级。从幼儿园到高中总共13年为国家义务教育，若去公立学校就读，全部免费。想做老师的学生除了自己所修的学位之外，还必须有特殊教育的学位。

来美国这么多天，听教授们说得最多的就是特殊教育。对特别孩子、残疾孩子的那份关爱，在美国真的做到了极致。每一个人，无论是身有残疾，还是存在智力障碍，在美国都受到了国家的重视和关怀。我们上的每一个厕所，没有蹲坑，全都是坐着的马桶，体现了美国人对残疾人的关爱。孩子们，以后我们看见残疾人可不能耻笑他哦，要多去帮助他，这样才是一位真正有素质、有教养的人。

盖瑞教授说，特殊孩子需要关爱。他迟早要踏进社会。在美国，程度不是特别严重的孩子一般都去公立学校随班就读。在美国，低年级实行的是全科教学，也就是语文、数学、社会、科学四门学科都是一位老师教，美术、音乐、体育等艺术课程为另一老师教，总共两个老师包一个班。两位老师不仅要教学科知识、艺术课程，还需要对班上一般两到三个特殊孩子进行关心、指导。当然，若班上有残疾特别严重的孩子，也会有特殊教育老师定期过来帮助教育。看来，做老师全世界都一个样，那就是辛苦与忙碌。

陶森教育学院的原副院长，一个长得非常有特点的美国老人，为我们带来了非常精彩的讲座《了解与回应美国青少年情绪问题与行为方式》。这位老教授为临床医学出身，专门为有心理问题的孩子诊断，专业知识精深。他先让我们把在教学中遇到的问题分情绪、行为、学习三类写在黑板上，我们逐一上去书写、归类，他逐一给我们讲解、解答。

　　他例举了一个个通过临床诊疗帮孩子变好的案例。在美国，青少年心理问题可一点不比国内少。这是一个相对开放自由的国度，有吸食大麻、早恋、网瘾等各种心理问题、行为问题的青少年比例相当高。这位教授说，要找到孩子擅长什么，用孩子的长处来弥补他的短处。这是一种非常好的方法。我们鸿鹄班的孩子们都在学才艺：看，孙一立每天从不间断练习，他的武术精气神十足；朱天乐每天在墨香中找到成长的自我；魏辰、易子昕、邵心近的写绘富有浓浓的文学味儿；金煜翔乒乓球打得虎虎生风；唐翌展、朱笈弟、沈笑妍、陈铭佳等孩子的钢琴别有韵味；章佳一对乐高情有独钟；李赞、张书瑶、王朱靓等孩子的拉丁舞优美舒展；钱之微、贾斐斐的古筝情韵深长……太多太多了，请允许我不再罗列。我高兴的是，每一个孩子都能拥有自己的爱好，投入自己的精力和汗珠。从我的教育经验看，有自己爱好、特长的孩子，较少有各类心理问题。反而课余什么都不学的孩子，容易迷恋游戏，产生各类心理问题，因为心灵空虚没有寄托。我带的上一届六年级，班中有一位哥哥什么才艺、爱好都没有，四年级时迷上了电脑游戏，少与外界接触，到六年级下学期辍学了，还在家做出骂妈妈、奶奶等令人痛心的事情。我多次上门与他谈心，请他去看电影，想尽方法，但他就是不肯来上学，也不肯去医院向医生咨询他的心理问题，我甚为痛心。有自己的爱好、特长的孩子，把课余的精力融入其中，训练、比赛、演出等展示，会让你找到存在感。最主要的是，你的业余时间投入进去了，就没心思迷游戏了。所以，请孩子们专心地持之以恒地学一门才艺，找到自己擅长的，进而弥补自己的不足。

　　下午的教授讲解的是美国的职业规划教育，都是比较高深的理论。但令我们感动的是，这位老师做了精心准备，把班上孩子的笔记都打印好发给我们看。他的这一种精心准备的精神值得我们学习。

　　周五上午，上课的是一位年轻貌美的女教授，她讲的是美国的UDI

（Universal Design for Instruction，通用教学设计）教室。为我们翻译的是来自上海的学前教育的研究生，一位非常有活力、机灵的大女孩。她翻译得形象生动，我们一下子就被课堂吸引了。一整天，我都处于听课的亢奋状态。

UDI教室非常有趣，每一个设计都挺有意思，尤其关注每个孩子的个性特点，鼓励每一个孩子积极参与。比如按学习层次把每个孩子的名字写在冰棍棒上，上课时老师根据问题难度随机抽学生回答，以保证每个孩子都能在课堂上回答问题。最令我印象深刻的是，教室里居然还有几张懒人沙发，孩子小组讨论时觉得累了，或者想坐着讨论，都可以拿来用……真是先进的理念呀！我真想也给我们班弄一个。可惜，我们人数实在太多。

下午也是一个美女教授的课，她重点讲学校、家庭、社区的融合。每一个孩子都是独一无二的个体，你的爸爸妈妈，你的学校、老师、同学，你的小伙伴构成了你成长的小环境；你的爷爷奶奶、外公外婆，你的朋友、邻居，爸爸妈妈的工作单位构成了中环境；一个民族的习俗和文化、社区保健服务、法律、价值观构成了大环境。所以孩子们呀，你无法选择你的原生态家庭（当然所有阅读到这封信的大鸿鹄们请一定要给孩子创设一个最利于孩子成长的原生态家庭，你们的好学、热爱工作、和谐相处是孩子成长的最好环境），但你能选择你的朋友、你的玩伴呀！请记住，多交益友，多交对自己有帮助的朋友。这样，你才能茁壮成长！

陶森大学的夏令营正如火如荼地开展，校园里到处是欢乐奔跑运动的孩子们。蔚蓝的天空下，他们奔跑在绿茵场上，打长曲棍球，开展长曲棍球比赛。看着一个个孩子奔跑快乐的身影，我觉得这一幅画面非常生动。

每天早晨6点，我们团里三位男老师就在道路上奔跑。每天选择不同的地方进行晨跑，甚至跑到巴尔的摩郡，参观奥林匹克公园，与菲尔普斯（美国游泳名将，一个被誉为飞鱼的天才游泳运动员）纪念牌合影。他们欢乐的情绪感染着我们。我和同室祝老师也6点半起床，去林间散步。我们走到了陶森大学附近的树林里，看到一个一百多年的谷仓。在绿草茵茵的林间小道走路、慢跑，呼吸最新鲜的空气，看着小鹿从树林中蹿出来越过公路，看到小松鼠自由自在地跳跃……一切书上出现的情景全都被我们经历了，恍如梦中一般。

  生命在于运动。北京第二实验小学的校长芦咏莉说，让体育成为孩子的第一学科吧。我们拥有一个棒棒的身体，才能去拼搏，无论是现在的学习，还是将来的工作。全国著名教授刘良华说，一个孩子热爱运动，那他终身的幸福指数就高。热爱运动，跑一跑，动一动，出一身汗，不仅仅是健身，而且会把你心里的压抑、不快乐等所有的不良情绪消融而去。孩子们，试试看，当你心里不快乐时，或考试不理想心里郁闷，或做错了事情被爸爸妈妈批评，或与小伙伴发生了误会心情不舒畅时，让我们去室外运动运动，酣畅淋漓地出一身汗。你的心情如何了？

  一个热爱运动的孩子，必定是一位开朗快乐的孩子。看，孩子们暑假中一个个学游泳、打乒乓球、打羽毛球、骑自行车、跑步……在汗水中，你们健康快乐成长。我真心为你们高兴呀！

  爱上运动，有益身心，胜于吃药。

  孩子们，让我们动起来吧！

  祝：

快乐进步！

许丹红
2017年8月1日上午9点
于陶森大学国际公寓

6 学会准备，有条不紊

亲爱的孩子们，亲爱的琅琅：

谢谢孩子们一个个给我回信，唐翌展、李宇玲睿、章佳一等孩子已给我回了三封信了，真的很棒哦。等我回来，我会一封封细细品味，还会选些回信在微信公众号上推出，辛苦我们的大鸿鹄们帮助打印留底哦。

看到好几个孩子对"天才教育"感兴趣。后来，陶森大学担任本次研修的主翻译——金教授，给我们找来了美国教授对于"天才孩子"的综合表现的界定：

（1）拥有极强的记忆力。

（2）拥有非常丰富的想象力。

（3）拥有非常强的语言能力。

（4）拥有非常专注的能力。

（5）幽默。

（6）拥有非常强的逻辑思维能力。

（7）拥有非常强的求知欲。

孩子们，对照一下，看看你能符合其中的哪几条呢？我常常对你们说，在我们鸿鹄班，天才型的孩子是没有的，每一个孩子若想卓越，若想脱颖而出，都必须付出辛勤的汗水，当然方法和效率也非常重要。

不但要干得好，更要干得巧。良好的学习方法能提高我们的学习效率。

短暂的双休调整之后，我们能量满满地开始了新一周的学习。我兴冲冲地跑到教室一看，居然又是上周四讲职业规划的那位老教授。我的心顿时拔凉拔凉的。上次，除了他精心准备课堂令我感动外，他讲了什么我都没印象了。

但是，这一次的课的确给了我很多惊喜。他讲的是《美国学校的道德伦理教育》，他说：今天的课我在两个月前就已经开始做准备了，做PPT，讲座需要复印的资料、需要翻译的资料等所有有关讲座要做的事情一件件记好，做好准备。

整堂课，他讲得特别生动和投入。他例举了不少案例，说了很多经典话言，这些全都来自他30多年的教育实践、观察和思考。他说，老师是通过自己的言语与行动影响学生的。学生注视着老师的一言一行。这就是我们中国人所说的言传身教啊。

下午去之前参观过的学校聆听学校里一位心理老师的介绍。在美国，公立学校里都有一位心理老师。但凡带班老师搞不定的孩子，无论是行为上品德上的问题还是考试焦虑等，都将由心理老师来帮助做工作。她利用吃饭时间、饭后操场散步的时间等所有可利用的时间来跟孩子谈心，帮助孩子。她说，每天都是那么忙碌，但她觉得非常有意义，因为她在为某一个孩子变好精心做着准备。

孩子们，一个懂得精心准备的人，做事情才能更有条不紊，才能更出彩。

我们本次研修班有三位翻译，一位是资深的来到美国已20多年的金教授，一位是第一天代替金教授翻译的陶森大学数学系的J教授，一位是刚刚在美国找到工作的学前教育研究生，且称她为花姐姐吧。三位翻译给我的感受截然不同。第一天的J教授因金教授刚从西班牙回来赶不上研修活动才临时代替做的翻译。她翻译时一点也不投入，站在教室后面，也没做什么准备，只是为翻译而翻译。数学系与教育系有不同的话语体系，因没做一点准备，我们听者觉得索然无味。金教授很资深，她的翻译明显比 J 教授好多了。

花姐姐嘛，提前把教授的课件翻译成了中文，还精心备了课。给我们翻译时，融入了她自己的理解，全身心投入进去，融入一些形象生动的中国俗语、谚语，听得我们常常哈哈大笑。太喜欢她的翻译了，一天的课也因她出色的翻译变得有滋有味。我们一行人立马像注入了新鲜血液般富有生机。一次翻译，她就做了这么精心的准备，难怪这么精彩呀！

孩子们，你会事先做准备吗？比如第二天要带的东西，你会提前准备好吗？明天早晨要穿的衣服，你有没有提前放在自己的床边，而不是一到早上急急忙忙才找？比如双休日的作业，你会不会提早做好？比如这一次的暑假写绘作业，你做了几篇了呢？是不是非等到上学前几天才做呢？比如你要去参加钢琴考级或者其他什么比赛，你会提前做准备吗？……命运总是垂青有准备之人。冰心说，成功的花，人们只惊羡于现时的美丽，而不知当初的芽儿浸透着牺牲的细雨，奋斗的泪泉。那位美国教授，两个月前就已在准备今天要给我们讲的课了，难怪他讲得那么从容不迫，诙谐生动。中国有句古话，凡事预则立，不预则废。什么意思呢？就是说任何事情，事前有准备就容易成功，没有准备就容易失败。

孩子们，你们说，事先做准备，这是多么重要呀！愿我们鸿鹄班的每一个孩子都能成为有准备之人。

祝：

进步多多！

许丹红

2017 年 8 月 2 日

于陶森大学国际公寓

7 学会写作，理顺思路

亲爱的孩子们，亲爱的琅琅：

见信好！

撕下新的日历，又一天美美的学习开始了。今天要去参观一所小学，我的心情分外激动。能走进美国马里兰州的当地学校，看看美国小学的校园文化，课堂、教学之现状，我认为是此行最有意义之处。

我们来到一个各种风情的房屋密布的小镇。一大片绿茵茵的草地旁边，有一排平房。这就是我们今天要到访的学校——马里兰州诺伍德小学。

进入学校，刷护照，领取身份牌。美国自"9·11事件"以后，在安保上的确做得到位。比如我们居住的公寓，进门需刷门卡，乘坐电梯也需刷门卡。

我们一行人在一个比较简陋的教室落座，今天来学校主要是观摩陶森大学组织的一个有关写作的夏令营课程。

先由四位老师介绍写作夏令营的基本情况。

一位大学写作教授介绍夏令营的背景：前来参加的都是英语不是母语的移民孩子，有的是本校的，大多为非本校的。年龄6~12岁。因为是夏令营，学生少，老师多。一对一或一对二，对老师来说也是一个非常好的实践机会。

另一位非常窈窕的陶森大学专业写作老师介绍说，三年前，巴尔的摩郡每一个孩子都有一台笔记本电脑。考虑到这些孩子英语不是第一语言，或采取录音的方式，或借助于电脑或其他先进的科技，以此来帮助孩子学习英语。

诺伍德小学校长介绍学校的情况：现在正好是暑期维修阶段，教室里的东西正打箱打包中，显得凌乱。美国的学校，大都是中间一个走廊过道，两边是教室。夏令营主要以写作为主，面向刚来美国一到两年的非本地孩子。举办夏令营的目的主要是让孩子开心，并能学到一点知识。昨天他们根据自己喜欢的东西画了心灵地图，今天写他们喜欢的东西。

她先让我们分小组讨论：你们平时在教学中怎么来让孩子写作的？美国教师特别注重让听者互动，这是我们国内目前比较缺乏的。老师会提供一个5～10分钟的微课，然后让孩子构思、写作、修改。

最后来了一位老师，她说：这些孩子有的来自难民营。每一位老师都在努力，尽可能了解孩子的背景。孩子来自四面八方，只要有意愿，都可以来，且免费。她给我们演示了写作教学内容，画了一个心形，写上爸爸妈妈兄弟姐妹、自己喜爱的运动，让孩子自由创作。若选择恐龙这个主题，那老师会带孩子收集有关恐龙的资料，再让孩子去写。整整一个星期，就是在写同一个内容：学生写，组内评，老师修改，再到正式成文。

了解了这个写作课程的背景后，在陶森大学老师的带领下，我们分组分教室去观摩。

第一个教室共四个孩子，有三位老师。PPT上显示着写作提纲：我能看，我能听，我能摸，我能闻。孩子们在写，当有不懂或不会的地方时，老师在边上耐心辅导，那么轻声细语，和颜悦色，宛如与朋友在聊天。我看到有一位老师在教一位加德满都的孩子，甚至跪着一条腿在教。这位可爱的亚裔女孩对我们一位懂英语的老师说，她很喜欢中国的美食。

我们观摩的第二个教室中孩子们十一二岁的样子，都在电脑上操作。

一位老师辅导两个孩子。你看,一位黑人老师和两个女孩子在地毯上席地而坐,一边一个学生,正悉心引导着呢,多惬意多轻松的方式。

第三个教室,孩子们正坐在地毯上听老师讲,另外两位老师也坐在上面,眼神充满微笑,时刻关注着。

第四个教室有两位非常可爱的6岁孩子,边上各坐一位教师。孩子在电脑上写作,既学电脑,又学单词,还学设计封面。一只只可爱的恐龙随着孩子的鼠标在文档中出现。孩子饶有趣味地写着玩着,连站在一旁的我们也觉得分外有趣。

之后,我们又参观了他们的统感教室和手工教室,并在报告厅围坐成一个圆圈与那里的老师们进行了热烈互动。

在美国,写作作为一门单独的学科存在着,从一年级开始就要学习。国界不同,但重点相通。在中国,写作尽管不是作为单独一门学科存在,被归在语文这门学科之中,但写作是语文当中非常重要的一个组成部分。可以这么说,写作能力体现着一个人的语文能力。尽管我们还没真正教怎么写作文,但一年下来,我们鸿鹄班的孩子们写绘、看图写话,一个个都超级能干哦!

写作难不难呢?有些孩子见了看图写话内心也许微微有点害怕。有吗?是这样吗?

要特别表扬钱之微,他在暑假中每天坚持写日记哦。这真的是一个好习惯。写作呢,其实就如你小时候学说话学走路一个道理,反复地训练呀,训练呀,多写写就会了。

读是写的基础,我们只有先进行广泛阅读,认真读课外书,多读好书,才能有话可写。我可从没见过一位不喜欢阅读的孩子能写好文章哦!伟大的诗圣杜甫说:读书破万卷,下笔如有神。这句话的意思就是,读了很多书,写起文章来就好像有神仙在帮你一样顺利。神仙是谁呢?当然是课外书哦。孩子们,你们有没有每天坚持读课外书呀?这可是能帮助你写出好文章的大神仙噢。

我传授给你们一个绝招——当你看到一幅画,先描述给爸爸妈妈听,再让爸爸妈妈补充，再写下来就可以了，或者在写日记之前，先想一想今天发生了什么事情，把你认为最重要的事情给爸爸妈妈说一说，理一理思路，把说的记录下来就可以了。就这么简单！

在以后的道路上，我会慢慢引导你们如何更好地进行写作。

让我们一起慢慢地享受阅读，学会写作哦！

祝：

写绘棒棒！

写话棒棒！

许丹红

2017年8月3日

于陶森大学国际公寓

8 学会节约，传承美德

亲爱的孩子们，亲爱的琅琅：

时间过得真快，一眨眼，就要归程了。今天下午我们已光荣地拿到了陶森大学的结业证书。明天上午再去参观一所学校，中午就将启程到美国肯尼迪机场了。美国时间4号晚上11点的飞机飞香港进行中转。

对了，美国东部时间与我们北京时间时差正好12个小时。这边白天中午12点，我们那边正好是晚上12点。前面我说，来到美国突然多了12个小时。等我回到祖国大陆的那一刻，这12个小时就全部还回去了。都说中国到美国纽约特别辛苦，倒时差要整整12小时，很难适应。的确，刚把时差倒过来，刚适应，转眼就要回国了。

昨天上午金教授给我们作了《美国多元文化》的讲座。我了解到，美国大部分财富还是掌握在美国白人手中。种族、社会经济地位、学习风格、语言的多样性等都牵涉多元文化。

这些天，我在美国看到厨师、清洁工、司机、超市营业员等辛苦劳累活，大都是黑人在做。在陶森大学很少见到黑人教授，去参观的学校也鲜有黑人老师。

金教授说，在美国还是有许多穷人。阶层的跨越需要几代人的努力。

美国人没有存钱的习惯，一般两周发一次工资或一周发一次工资。因为文化差异，大多数美国人不存钱，发了工资就花光。金教授说，若失业半年，有许多美国人可能房贷都还不了，房子被银行收回，一下子就变成一无所有的穷光蛋。现在美国政府提倡国民要有半年的生活储备金。

听到这里，我们不禁都笑了，还是我们中国人崇尚节约好呀。有计划地花钱，能够让自己的生活从容不迫啊。孩子们，你有零花钱吗？有了零花钱怎么用呢？是不是看到自己喜欢的东西想都不想就去买了呢？是不是乱花呢？大家可要记得，有了钱，要懂得合理分配，三分之一存起来，三分之一可以支配使用，三分之一留着备用。节约，可是我们中华民族的传统美德哦。

昨天下午又去参观了一所国际公立学校，是一所学生来自36个国家的移民学校。美国公立学校的设备设施与我们国内公立学校的相比要逊色，但我为这个国家的包容所折服，即便难民营里的孩子，只要在这个学校里上学，一样能得到老师的悉心指导和呵护。美国的公立学校的确为美国的不断发展做出了贡献。

今天上午，我们参观的是一所百年贵族学校，真的是让我们大开眼界。学校坐落在一座小山上，占地九百亩，各种不同的美丽建筑掩映在苍翠的树林中：全校从幼儿园、小学、初中到高中总共六百多个学生，从高中开始招收国际学生。温馨雅致的图书馆，豪华别致的剧场，琴声悠扬的钢琴房，低调奢华的餐厅，绿草茵茵的室外大球场，宽敞明亮的室内球场……最让我们震撼的是，这所学校居然有马术。几十匹膘肥体壮的骏马在校园一隅，供学生们练习马术。

留恋、惊讶、赞叹……这学校完全是一个五A级风景名胜区呀。这么奢华的私立学校，与公立学校的类似集装箱般的平房比，优越性可不是一点点。这反映出贫富差距简直太悬殊了。

带我们参观的来自上海的陈女士介绍说，这所女子贵族学校一年学费是六万美金，其间还有各种活动要收费用。校友包括墨西哥副总统的女儿、某一位王国的女儿，但是她们都很低调，只会对同学说自己的爸爸是一个天天上班的白领。

当我们一行人来到马场的时候，看到一匹匹膘肥体壮的马儿在甩尾巴，一位位英姿飒爽的驯马姑娘站在马儿边上时，我们一个个犹如刘姥姥进大观园一般，觉得又新奇又好玩，纷纷与马儿和驯马姑娘合起了影。

陈女士说：美国对运动非常重视。每天两小时运动时间，绝对不会少。在美国没有德育课、品德课或道德法制课，所有的品德教育融入到平时的学科，尤其是运动中。团队精神、拼搏精神、意志力等全在运动中磨炼。在美国，运动好的孩子，大家会觉得他是一个英雄。

她笑着对我们说：谁若想把自己的孩子送到美国来读书，一定要让孩子多运动。若孩子的运动能力不强，在美国可是找不到女朋友的哦。会被大家鄙视的！

我们再一次不约而同笑了起来。在我们国内，信奉的是学霸，只要是学霸，运动再差，好像也没多大关系。

因为美国相信运动，孩子们室外活动时间多，陶森大学里这么多参加夏令营的孩子，再加上参观学校时所见到的孩子，没几个戴眼镜。

好多孩子在来信中问我在美国热不热。我所在的陶森大学，真的不太热。虽然太阳有点晒，但每天都是蔚蓝的天空飘着朵朵白云。美国人估计钱很多，不怕浪费钱，空调开得很冷很冷，我带的短裙一件都不敢穿，怕膝盖受冷。我们听课时一般都要披个大围巾或套一件外套。公寓里的空调一天到晚开着。美国人没有开窗通风的习惯，有完善的换气系统……好像他们不怕费电。我们都觉得有点浪费。也许是我们到达的马里兰州是美国经济、教育发达地区吧。在这一个州所看到的，并不能代表美国全部。

勤俭节约，自古以来就是我们中华民族的传统美德。希望我们的孩子学会节约，节约用水、节约用电、节约用纸、节约用钱……唐代著名诗人白居易说，奢者狼藉俭者安，一凶一吉在眼前。这句话的意思就是说，谁在平时节衣缩食，在穷困时就容易渡过难关；谁在富足时豪华奢移,在穷困时就会死于饥寒。科学家爱迪生说,俭是你一生中食之不完的美筵。

孩子们,让我们勤俭节约吧!节约,在你的每一个细节中——及时关灯,珍惜粮食,不剩饭菜,合理使用零花钱,不浪费纸张,节约水电,衣服不挑名牌,只要干净整洁……

祝:
勤俭节约!

许丹红

2017 年 8 月 4 日

于陶森大学国际公寓

9 学会研究，活跃思维

亲爱的孩子们，亲爱的琅琅：

见信好！

此刻，我早已在家中，结束了我的美国之行。我是北京时间5号下午1点（纽约时间4号深夜）在纽约肯尼迪机场坐的飞机，北京时间6号下午2点就回到桐乡了，是不是觉得很快呢？登机前，我与琅琅视频聊天，还以为来不及参加他明晚的钢琴演奏会。从纽约到香港，本次航线与去时不一样，不是往太平洋上空飞行，而是飞越了大西洋，经欧洲、俄罗斯飞进中国境内再一路经郑州、济南、南京、杭州等地最后在我国香港落地。来，孩子们好好从世界地图或者地球仪上找一下我的归程航线。我们老师都笑称，去趟美国，既飞越了太平洋，又飞越了大西洋。全世界四大洋中的两大洋都跨越了，是不是很有意思呢？比去时时间少了不到一小时，总共飞了15个小时多点。

为什么归程飞行的航线与去时不一样呢？我们同团的老师们都开始了研究。有的说，飞行要与地球自转的方向一样，不然都是白天或黑夜，人就容易犯困；有的说，飞行与风向、距离等有关；有的说，归程的航线飞过北极上空,对我们身体有辐射……看看,我们的老师还是挺有研究精神的吧!

回来时心情不一样,因为知道了一路飞行时间很长,心里做好了准备,结果我们每个人不觉得如去时一般煎熬了,反而觉得时间好快,似乎没多久就到了香港。我在飞机上共观看了三部电影。到达香港已是北京时间6号凌晨4点多。这趟飞行,把原本去美国多出来的12个小时彻底还回去了。在香港7点50分登机,飞行两小时顺利抵达杭州萧山机场。入境、取行李,乘车回嘉兴教育学院,再开车回桐乡。一路奔波,顺利抵达桐乡。

这几天,我一直在倒时差,补觉。我们研修回来三天内要交三千字以上的总结。同行的一些老师都在熬夜写材料。又要倒时差,又要写材料,真辛苦。好在我有写给大家的信,稍作整理,只花了一小时,轻松交出。当初在美国学习时,每晚我坚持给你们写信,及时记录,既温习了所看到的、所学到的,还与你们进行了沟通,读到了好多你们的来信,也给我研修之行增加了有趣的色彩。更主要的是回家后我就轻松了。你们看看,吃苦在先比吃苦在后更好吧!

有孩子问,老师您看到自由女神像了吗?告诉大家吧:从陶森大学到纽约三百公里,正常行程三小时。但归程那天路堵,一路开了四个多小时。陶森大学一位年轻的熟悉纽约的教授开的车,知道我们一行人想看自由女神,便把我们放在了纽约曼哈顿的一角,并给了我们五到八分钟时间下车拍照。

我激动地来到了蓝蓝的海边,远远地望着侧身的自由女神像,啪啪啪啪合起了影。用最快的速度摆好造型,与纽约帝国大厦合影。要知道,纽约街头无法停车,一旦被抓拍,罚款2000美金,相当于人民币将近14000元呢。司机开着汽车在街上兜圈腾出宝贵的几分钟让我们拍照过瘾。

我们快速上车,在纽约街头最繁华的街道遛弯了一圈。透过玻璃窗,看盛世纽约的繁华。

经过唐人街，我们看到街上有大红的中国结，有写着中国繁体字的店铺和银行，感觉好亲切。我们一个个如小孩，睁大着新奇的眼睛望窗外美景，看传说中的超级都市——纽约。

车子驶过联合国，驶过时代广场，驶过中央公园……为了满足我们这群人的需求，车子在最繁华的车水马龙的曼哈顿中心开了将近40分钟。

天色渐渐暗下来了，华灯初上，各色霓虹灯开始闪烁。真不愧为世界魔都，全世界最繁华的都市。我们在车内观看着一幢幢摩天大楼，各色大大的霓虹灯屏幕。绚丽的光与绚烂的影在交相辉映，车流不息，人群蜂拥。

暑假中孩子们有的去了国外旅行。章佳一去了日本，唐翌展去了印度尼西亚的巴厘岛……去国外玩的孩子有没有想过研究一下这个国家的货币，尤其是货币上的人物、图案呢？有没有孩子关注过这一点呢？

要了解一个国家，让我们首先从研究这个国家的货币开始吧。

来看看我们中国的人民币吧。

我们现在使用的是第五套人民币。各面额正面均采用新中国成立初期毛泽东的头像，因为他带领中国人民翻身做了主人。面值最大的100元背面是北京天安门广场上的人民大会堂哦，这也是北京的地标性建筑之一，是新中国成立十周年首都十大建筑之一，完全由中国工程师自行设计、施工，1958年10月动工，1959年9月建成，仅用了10个多月的时间就建成了，是中国建筑史上的一大创举。人民大会堂是全国人民代表大会和全国人大常委会的办公场所，是党、国家和人民举行政治活动的重要场所，也是中国国家领导人和人民群众举行政治、外交、文化活动的场所。看看这些，就知道人民大会堂是多么重要吧！暑假中，班上好几个孩子都去了北京旅行，不知道有没有去看看人民大会堂呢？若没有看，下回去北京，可记得要补上哦。

50元、20元、10元、5元、1元的背景主图案分别选用了西藏的布达拉宫、桂林山水、长江三峡的夔门关、泰山和杭州西湖。不知道孩子们这些地方都去过吗？这些有代表性的景点，充分展现了我们伟大祖国悠久的历史和壮丽的山河。这些景点，孩子们有机会都要去饱览哦。

正面还有花卉的图案，梅花、菊花、荷花、月季、水仙、兰花，这些传统的名花使纸币外观典雅、古朴又不失时代感，还具有防伪功能呢。

怎么样，以前没研究过人民币的这些图案吧？没想到一套人民币居然有这么多的名堂呀！孩子们，赶紧让爸爸妈妈拿一套人民币出来，好好地研究一下，看看你到过哪些地方，并且规划一下，啥时去还没到过的地方玩一玩，看一看。神州大地，处处好风光呀！而人民币上出现的地方，是精华中的精华。一定要去欣赏哦！

研究一个国家的货币是不是很有意思呢？以后但凡你爸爸妈妈带你去国外旅行，首先要研究研究这个国家的货币，了解一下这个国家的历史、重要人物，深度了解一下这个国家。当然，没去国外旅行的孩子，一样可以研究的哦。研究不限于货币，可以是方方面面，多问一些为什么，多反思，多思考，多查阅资料，多问爸爸妈妈，多问老师……让自己的大脑动起来，活起来。

好了，我的美国之行结束了，给你们整整写了九封信，两万多字。九是一个非常美好的数字，长长久久，愿我们的师生情谊长长久久，愿同学之间的情谊长长久久，愿家长之间的情谊长长久久。接下来，我将抽时间整理你们的来信了哦，最好是将原汁原味的原稿原图发给我哦！这是 2017 年暑假我们之间的美好回忆——美好的东西，值得珍藏！

祝：
二年级更上一层楼！

许丹红
2017 年 8 月 11 日
于家中

后记　亲爱的，热爱的

常有人用匪夷所思之调感慨：你会刷剧呀？！你有时间刷剧呀？！虚名之下，宛如我过着苦行僧般的苦熬日子。

看看娱乐新闻，刷一下玛丽苏甜傻剧减个压，亦是我闲暇之消遣。

这些天，刷了一遍又一遍李现、杨紫等主演的《亲爱的，热爱的》，被他俩甜美的爱情、所热爱的事业深深震撼。

蹭个热度，那就以"亲爱的，热爱的"为后记之题吧。

亲爱的，鸿鹄班的孩子们、家长们；热爱的，我的教育人生。

感谢亲爱的鸿鹄班的孩子们，我常常被他们的好学、勤奋、爱心和拼搏打动。我常说，在我们班，没有一个孩子属于天才，唯有努力才能不断超越自我。从《三字经》《弟子规》《笠翁对韵》到《小古文》……小鸿鹄们不断挑战自我，刷新自我，朝着更高目标勇往直前。

感谢亲爱的鸿鹄班的家长朋友，我常常被他们的热情、激情打动。我不敢说，我们班的孩子最优秀，但我绝对敢大胆地说，我们的家长团队一定是最优秀的。有智慧的出智慧，有精力的出精力，有能力的出能力，班级是我家，建设靠大家。家长朋友散发着的正能量，推动着全体小鸿鹄的健康发展，带动了他们的进步。班级拧成一股绳，齐心协力往前冲！

很高兴，带鸿鹄班三年，断断续续，记录了前面的文字。感谢那位见缝插针用文字点燃教育岁月的亲爱的自己。若非热爱，很难坚持。若非真爱，很难继续。亲爱的自己，用你的热爱，书写了自己的人生。

感谢班级生活的点点滴滴：孩子的艰难爬坡，家长朋友的鼎力支持，核心团队的开发利用，班级活动的丰富多彩……激情燃烧的三年，点燃了亲爱的小鸿鹄光辉灿烂的童年岁月。

鸿鹄电台，每周我尝试写稿，总结一周纪事，提出温馨希望。让两位小主播通过电波，把班级事务传递出去，达到生生相育之效。

到美国研学，我坚持给小鸿鹄们写信，陶森大学公寓里，留下了我敲打键盘的啪啪声，留下了我深深浅浅的痕迹。读之，我心荡漾，甚至止不住叩问，如此热爱，这是我吗？

亦感谢亲爱的琅儿，选择为娘当你的老师。为师为母，对你，严格要求，只希望你这棵小树能根深叶茂，他日成为参天大树。

这三年，亦是我收获颇丰的三年，特级、正高实为额外的奖赏，从未想过拥有，却不知不觉已拥有。

我深深地知道，在我的背后，有那么多关注的目光，关爱的贵人在推着我前行。诚挚地感谢各级领导、同事、朋友们的鼓励、关爱和支持。

三年，整理了三部书稿：《不吼不叫，做智慧班主任》《教育，没有痛过你不会懂》，以及这部《一间暖暖的教室》。也唯有这部书稿，里面的故事和内容纯粹来自鸿鹄班，来自一个个细密丰富的日子。当然，还有更多疏于记录的日子，串连成了美好的童年岁月。

许丹红

2020 年 7 月 20 日